꽃 사전

서문당·컬러백과 — 　　　　　생활편람 ❶

● 차 례

꽃의 종류(가나다 순) / 5~43
꽃의 구조 / 4
꽃은 어떻게 피나 / 4
꽃의 모양 / 4
세계의 국화(國花) / 44
세계 여러 나라의 국화 이야기 / 45
1년 12개월의 월별 꽃말 / 46
원예 용어집 / 48
우리말 속담 속의 꽃말 / 48
약용 식물의 종류와 효능 / 50

꽃의 구조

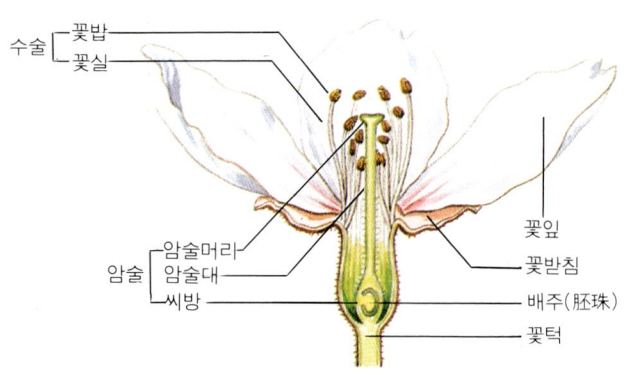

민들레의 설상화(舌狀花)

꽃은 어떻게 피나   꽃의 모양

외겹꽃 핌, 화판(花瓣)이 기본수(품종에 따라 결정됨)만 피는 꽃. 그림은 앵초 (프리뮬러).

겹꽃 핌, 화판이 기본수의 2~3배로 겹쳐서 핌. 그림은 함박꽃(芍藥).

복륜형(覆輪型) 화판의 둘레에 이색(異色)의 색반(色斑)이 들어 있는 것. 그림은 나팔꽃.

홀치기 염색형 화판에 바탕 색깔과 다른 색깔이 여러 모양으로 어우러져 보임. 그림은 카네이션.

겹겹꽃 핌, 화판이 기본수의 수배로 겹쳐서 피는 꽃. 그림은 동백꽃.

정자꽃(丁字花) 핌, 관상화(국화꽃의 중심부에 모임)가 발달해서 피는 꽃. 그림은 금잔화(金盞花).

품어내기 염색형 홀치기 염색형의 일종으로 품어낸 듯한 모양이 있다. 그림은 영산홍(映山紅).

뱀눈형 꽃의 중심부(꽃술)가 둥그런 모양으로 되어 있는 꽃. 그림은 시네라리아.

연발화개(連發花開), 다수의 화판이 공 모양으로 연달아 겹쳐서 피는 꽃. 그림은 달리아.

아네모네꽃 핌, 중심의 관상화(管狀花)가 부풀어 올라서 바깥 둘레의 화판이 여러 줄이 나란히 핌. 그림은 달리아.

반점형(斑點型) 화판의 안쪽에 반점이 있는 것. 그림은 철쭉.

브로치형 화판에 바탕색과는 다른 색깔의 모양이 물들여져 있는 꽃. 그림은 팬지.

천겹꽃 핌, 화판이 여러 겹으로 연이어 피는 꽃. 숫꽃술과 암꽃술은 잔존한다. 그림은 모란(牡丹).

만겹꽃 핌, 숫꽃술, 암꽃술이 화판으로 변하여, 다수의 화판이 모여서 꽃 핌. 그림은 작약.

중백형(中白型), 꽃의 중심부의 색깔이 허옇게 희미하게 보이는 꽃. 그림은 영산홍.

옥반형(玉斑型) 꽃판의 중심부가 둥글게 퇴색하여 생겨난 모양의 꽃. 그림은 영산홍.

개나리
- **학명** Forsythia koreana(英·Forsythia)
- **별명** 만수단(萬壽丹), 연교(連翹)
- **분류** 목서과 개나리속·낙엽관목
- **원산지** 한반도, 중국, 일본 서부 등
- **재배** 한국원산의 개나리는 봄의 선두주자로 지금은 세계 여러 나라에서, 특히 영국의 아놀드 드와프는 왜성종(키 60cm)이 개발되었다. 그 밖에 중국원산 등의 새 품종이 8·9종 개량되어 화분용으로 애용되고 있다. 재배는 꽃피기 전 2·3월에 묘목을 심고, 일광과 배수가 잘 되는 곳이면 잘 자란다.
- **꽃빛** 담황색, 황색(네잎꽃, 화기 3~4월)
- **키** 왜성(60~120cm), 고성(150~250cm)
- **용도** 정원, 담장, 공원, 기념수, 화분용 및 꺾꽂이, 생화재료용
- **꽃말** 희망, 깊은 애정
- **참고** 개나리는 한국인의 정서를 대변한다.

고무나무
- **학명** Ficus elastica Roxb(英·Rubber plant)
- **분류** 뽕나무과 무화과속·불내한성 상록수목
- **원산지** 열대아시아(주로 인도)
- **재배** 이 고무나무는 인도 이외의 F. 리라타라는 열대아프리카산도 있으나 대개 인도고무나무라 부른다. 원종은 열대 강우 속에서 자라므로 원예종도 고온다습을 좋아하여 여름에는 30℃를 유지하고, 겨울에는 15℃를 유지해야 하며, 부엽토비료를 봄~가을 사이에 발효깻묵 등과 함께 준다. 이 고무나무에는 꽃이 있으나 온실재배로는 결실이 어렵고, 탁엽(托葉)이 붉음. 따라서 꽃잎 대신 잎이 녹색, 황백색의 반점을 보이는 품종도 있다.
- **키** 화분용(40~80cm), 1~2m
- **용도** 화분용, 유액의 고무용
- **참고** 고무나무의 목피를 자르면 유액이 나온다. F. 레리기오사는 불교의 성수(聖樹)

공작선인장(孔雀仙人掌)
- **학명** Epiphyllum Haw(英·Orchidaceus)
- **분류** 선인장과 공작선인장속·불내한성 관목상 다육식물(多肉食物)
- **원산지** 브라질, 코스타리카, 볼리비아, 멕시코
- **재배** 열대산으로 같은 종속으로는 월하미인(月下美人), 골덴하아트 등 20종이 있다. 여름철에는 통풍이 잘 되는 반그늘진 곳이 좋다. 월동온도 5℃이므로 겨울에는 온실재배로 기온을 맞추어야 한다. 종묘를 정식한 후 우량종이라야 2~3년, 늦으면 10년 후 6월에 개화한다. 꽃은 대륜이며 색채도 풍부하여 서양란과 같은 환경에서 재배가 가능하다.
- **꽃빛** 진홍색, 흰색, 자홍색, 분홍색 등
- **키** 40~60cm
- **용도** 베란다와 정원의 화분용
- **참고** 선인장의 종류는 천 종류가 넘으며, 공작선인장은 줄기의 측면에 꽃이 핀다.

구기자(枸杞子)
- **학명** Lycium chinense Mill(英·Boxthone)
- **분류** 가지과 구기자속·낙엽저목
- **원산지** 한반도, 중국, 일본에 분포
- **재배** 이 꽃나무는 꽃보다 잎과 열매를 약용 또는 차와 과실주로 하여, 일찍부터 한국과 중국의 한방(漢方)에서 여뀌와 함께 애용되어 온 저목이다. 전국의 길목이나 야산에 쉽게 자란다. 일광과 배수만 잘 되면 땅을 가리지 않는다. 다만 병충해의 예방이 필요하다. 여름에 줄기가지의 눈엽에서 작은 꽃이 피고, 가을에 선명한 주홍빛의 열매를 본다. 번식은 봄·가을에 포기나누기를 하고, 3월에 삽목도 함.
- **꽃빛** 남빛에 꽃술이 희다.
- **키** 밑둥이 없고, 가지줄기는 총생함(1~2m).
- **용도** 정원목, 담장목, 근피의 약용
- **꽃말** 서로 잊어버리기로 합시다.
- **참고** 꽃, 잎, 열매, 뿌리 등 모두 유용하다.

국화(菊花)(1)
- **학명** Chrysanthemum morifolium Hemsl.(英·Chrysanthemum)
- **분류** 국화과 국화속·반내한성 숙근 다년초
- **원산지** 중국
- **재배** 여기서는 야생국화가 아닌 원예국화만을 말하며, 관상용은 춘·하·추·동의 4계절꽃이다. 국화의 개화기는 일조시간의 장단과 온도의 고저에 따라 결정되므로 비닐하우스재배로 가을국화를 4계절 개화시킨다. 이 품종은 관상(管狀)의 꽃줄기가 나오고 5월 대국의 꺾꽂이가 가능하며, 다른 화분에 분구하되 4~5월에 이식하면 9~11월에 개화한다.
- **꽃빛** 황색, 백색, 오렌지색, 복숭아빛
- **키** 30cm~1.2m
- **용도** 화분이 주, 꺾꽂이용
- **꽃말** 고결(白), 실연(黃), 고상함(赤)
- **참고** 품종으로는 3종의 양국이 환영받는다.

국화(菊花)(2)
- **학명** Chrysanthemum hybrida(英·Pot mum)
- **분류** 국화과 국화속·반내한성 숙근 다년초
- **원산지** 중국
- **재배** 이 품종은 양국의 일종으로 다른 국화와 달리 새싹이 발아하지 않으므로 겨울에는 온실에서 월동함. 온도와 햇빛만 조절하면 일년 내내 꽃을 볼 수 있는 개량종이다. 일조시간 12시간. 최저온도 15℃. 6~7월에 정식. 10~11월에 개화. 이 종류는 Pot(화분)와 국화의 끝자를 합친 명칭인데, 송이가 크고 잎도 넓다. 새순가지의 심기는 7월 상순~중순에 한다.
- **꽃빛** 각양각색
- **키** 30~40cm
- **용도** 화분용, 꺾꽂이용, 조발(吊鉢)용
- **꽃말** morifolium과 같음.
- **참고** 이 꽃은 꽃봉오리가 대체로 둥글고 꽃잎도 커서 화분감상용으로 적격이다.

국 화(菊花)(3)

학명 Chrysanthemum hybrida(英·Cushion mun)
분류 국화과 국화속·반내한성 숙근 다년초
원산지 중국
재배 이 품종은 그 명칭처럼 쿳숀의 뜻이 있다. 3~4월에 파종하고 9월 말에서 10월에 개화하는 소형국화로, 화분이나 땅에서 키워 둥근 모둠형으로 손질을 해서 분재에 옮긴다. 화분은 직경 40~50cm가 적합하다. 일광, 온도, 비료, 통풍 등은 다른 종과 같으며, 이 꽃은 한 줄기에 한 봉오리가 돋보이는 것과는 다른 왜성종임에 유의할 것.
꽃빛 적색, 오렌지색, 백색 등
키 30~40cm
용도 화분용, 화단용
참고 이 품종은 가지를 키워서 아치형이나 덩굴처럼 대량 꽃피게 하는 것이 매우 아름답다.

큰송이 국화

대방화차(大芳花車)

백색 대륜화

황색 대륜화

한 뿌리에 수백 송이를 피우는 대국

군 자 란(君子蘭)
학명 Clivia miniarta(英·Clivia nobilis)
별명 군자란(君子蘭—동양칭호), 크리비아
분류 난과(蘭科)식물·온실재배의 다년초
원산지 남아프리카
재배 원산종은 3종이다. 그 중 C. nobilis종의 뜻이 노블(귀하다)하다고 해서 군자란의 칭호가 생겼다. 미니아타원종은 꽃이 상향으로 피기 때문에 붙은 칭호요, 노빌리스는 하향으로 피어서 붙은 이름이다. 재배는 직사일광을 피하고 봄에서 가을까지 문 밖에 두며 겨울은 최저 3℃가 필요하고, 갈아심기(이식)는 매년 5월경 행한다. 개화기는 1~4월의 장기간.
꽃빛 열대원종이라 잎이 육질이며, 꽃줄기는 한 포기에 하나씩 있음. 주홍색, 황색, 백색
키 왜성종(30~40cm), 고성종(60~70cm)
용도 화분용으로 실내관상
꽃말 귀함

귤(橘)꽃
학명 Citrus tachibana Tanaka(英·Orange)
분류 귤과 귤속·상록저목 과실목
원산지 일본, 제주도, 대만
재배 이 귤은 한국의 제주도에서 자생한 이후, 일본인의 재배법을 도입하여 기업대상이 되고 있다. 이는 추위에 약하기 때문에 지역에 따라 온실재배를 하며 비료는 퇴비와 부엽토, 유질(油質) 찌꺼기 등 다비를 한다. 번식은 종자나 탱자나무와 접목으로 한다. 이식은 3월 하순에서 6월까지, 전정은 2월 하순에서 3월 상순에 수관 내부에 관선이 들어갈 정도로만 한다.
꽃빛 귤은 과실만을 중시하나, 흰 꽃도 계절의 매력이다. (6월에 흰 5판화가 핌.)
키 저목성(3~4m)
용도 마당심기, 분재용, 과일식용, 꽃상징
참고 이 귤은 감귤(柑橘)의 원종이며, 밀감(密柑)은 일본식 호칭이다.

극락조꽃(極樂鳥花)
학명 Strelitzia Banks(英·Bird of paradise flower)
별명 스트렐리티아
분류 파초과 극락조꽃속·불내한성 숙근 다년초
원산지 남아프리카
재배 재배에는 일광이 좋으며, 배수가 잘 되는 점질토양이 적합. 관상용으로 온실에서 재배하며, 원종은 5종이 있다. 재배상의 주의점은 과도한 습기에는 뿌리가 썩으므로 건조한 편이 좋다. 씨앗발아에는 25~30℃의 고온에서 3~4주간 걸리고 개화까지는 4~5년이 소요된다.
꽃빛 오렌지색, 진한 보라색
키 50~60cm
용도 실내화분용, 꺾꽂이용, 생화재료
참고 다육식물로 잎은 칼날형이고, 꽃은 조류의 주둥이 같다고 해서 극락조라 이름함.

글라디올러스(1)
학명 Gladiolus hybridus(英·Gladiola)
분류 붓꽃과 글라디올러스속·반내한성 구근초
원산지 남아프리카, 지중해 연안, 서아시아
재배 이 봄심기종의 구근은 0℃ 이하가 되면 썩으므로 하절기 보관에 유의해야 한다. 1~3월에 구근을 묘상(苗床)에 심고 6~7월에 개화를 하는데 70~90일이 소요된다. 따라서 구근심기를 조절하면 8~10월의 가을개화도 가능하며 조생종과 만생종이 있다. 비료는 역시 인산성과 칼리성비료를 넉넉히 주며, 구근선택에 요주의.
꽃빛 보라색, 핑크, 황색, 적색, 백색 등
키 대체로 50~80cm
용도 화단, 화분, 꺾꽂이용
꽃말 조심, 견고
참고 중국에서는 당창포(唐菖蒲)라고 부르며, 다품종으로 관상에 환영받는다.

글라디올러스(2)
학명 Gladiolus tubergeni(英·Gladiolus)
분류 붓꽃과 글라디올러스속·반내한성 가을심기 구근초
원산지 남아프리카, 지중해 연안, 서아시아
재배 가을심기, 봄개화의 반내한성이므로, 서리가 오기 전에 온실이나 실내재배를 해야 한다. 구경둘레 10cm 정도의 구근묘종을, 조생종은 대개 10~11월 하순에 심고, 만생종은 11월 중순~12월에 심는다. 봄개화종은 10~15cm 깊이로 심고 서리를 피하여 햇볕이 잘 드는 데 심고, 인산과 칼리성비료를 넉넉히 준다. 조생종은 2~3월에 만생종은 4~5월에 개화한다.
꽃빛 백색, 적색, 핑크
키 30~70cm, 이 봄종은 꽃이 작다.
용도 화단, 화분, 꺾꽂이용
꽃말 조심, 견고
참고 구근은 분구번식을 한다.

금계초(金鷄草)
학명 Coreopsis drummondii Torr. et A. Gray (英·Golden Jickseed)
분류 국화과 통꽃속·일년초, 다년초
원산지 북아메리카
재배 이 금계초는 기생초와 흡사한 품종으로 다만 꽃 가운데 부분의 갈색이 금계초에서는 황금색 또는 자갈색인 점이 다를 뿐이다. 통꽃속은 코스모스와 같이 모두 합판화(合瓣花)가 주종이다. 가을파종은 일년초이나 대형꽃은 C. Lanceolata라고 하는 다년초도 있다. 재배는 기생초와 같이 화단용에는 비료가 필요함. 다만 금계초는 가을심기로 5~6월에 개화함.
꽃빛 황금색(자갈색, 꽃심이 있음)
키 30~60cm
용도 화단, 꺾꽂이용(자생종도 있음)
참고 담배와 비눗물이 닿으면 알칼리 처리가 되어 적갈색이나 등갈색으로 꽃색이 변한다.

금 목 서(金木犀)

학명 Osmanthus fragrans(별명 : aurantiacus Makino)
분류 물푸레나무과 목서속·상록 관목
원산지 중국
재배 한국에서는 물푸레나무종으로 공인되고 있는 중국 원산의 상록소교목이다. 평지성이며 일광을 좋아하나, 대기오염에 약하며 타원형의 수형이다. 9~10월에 잎 옆에 작은 꽃을 여러 개 피운다. 월동온도 -8℃ 이상 -15℃까지의 반내한성으로 9~10월에 정식하면, 이듬해 그때 꽃을 피운다. 전정은 5년에 한 번 정도로함.
꽃빛 황금색
키 5~12m
용도 정원목, 공원목
꽃말 도취
참고 잎이 크며 강렬한 향기로 중국에서는 계화(桂花)라고 말한다.

금 어 초(金魚草)

학명 Antirrhinum majus(英·Snapdragon)
분류 참깨풀과 금어초속·반내한성, 1년초 또는 월년초
원산지 지중해안
재배 이 꽃은 깨꽃처럼 그 줄기풀이 길고 집단 군락을 이루며, 야생종이지만 꽃형태가 금붕어처럼 다양해서 특히 원예용으로 애용된다. 재배는 양지바르고 통풍이 잘 되는 곳에 잘 자란다. 2~4월에 파종하며, 발아온도는 15~20℃이며, 그 이상 고온이 되면 싹이 안 틈. 가식(假植)을 했다가 정식(定植)을 하기도 한다. 꽃은 6~8월의 장기간에 걸쳐 번갈아 핀다.
꽃빛 적색, 백색, 황색
키 20~30cm(왜성), 50~60cm(중고성), 90~120cm(고성종)
용도 화단, 울타리, 화분용
꽃말 수다쟁이

금 잔 화(金盞花)

학명 Calendula officinalis(英·Calendula)
별명 장춘화(長春花)
분류 국화과 칼켄듀라속·가을파종, 반내한성 1년초
원산지 남유럽, 지중해 연안
재배 국화과 화초로 재배는 일조와 배수가 잘 되는 땅을 좋아한다. 발아온도는 15~25℃, 8~10월에 파종하면 이듬해 5~7월에 개화한다. 일반적으로 우리나라 시골에서 뜰에 많이 심고 있는 품종으로 비녀형의 꽃을 볼 수 있다.
꽃빛 황색, 오렌지색, 중심부가 검은 심흑종(深黑種)도 있다.
키 15~20cm(왜성), 50~80cm
용도 꺾꽂이, 화단, 분재용, 약재용
꽃말 이별의 슬픔
참고 이 꽃은 약초로 효과가 알려져 있고, 두상화(頭狀花)는 요리에도 쓰인다.

기 생 초(妓生草)

학명 Coreopsis tinctoria(英·Golden Tickseed)
분류 국화과 통꽃속·내한성 1·2년초
원산지 아메리카 전역
재배 이 꽃은 넓게는 국화과에 속하며 아메리카의 북·중부가 그 원산지이나 일찍이 동양에도 이식되어 중국에서는 춘거국(春車菊)으로 불리웠으며, 페르시아에서의 국화라는 말은 Koris(빈대)가 그 어원이다. 재배는 같은 품종 모두 일광과 배수를 해야 한다. 발아온도 15~25℃, 가을심기는 9월 하순. 봄심기는 3~4월, 개화는 7~10월로 재배가 쉽다.
꽃빛 황색바탕에 중심이 갈색, 황금색, 적갈색
키 왜성(20~30cm), 고성(1m 안팎)
용도 화단용, 꺾꽂이용, 꽃꽂이용
참고 한국에서는 기생처럼 예쁘다고 해서 기생초라 명명함.

꼭두서니(아카네)

학명 Rubia Akane Nakai(英·Akane)
분류 꼭두서니과 아카네속·덩굴성 다년초
원산지 아시아 동부의 난대와 온대
재배 이 아카네는 고대인류가 일찍부터 잎과 뿌리에서 염색원료를 발견, 명칭 그대로가 색채명임. 한국의 들과 산에 많이 자생하는 천초(茜草)로 알려진 덩굴식물이다. 덩굴의 가지줄기는 5~6m나 되는 다년초로 일광을 좋아한다. 이 식물은 청색, 녹색, 자주색의 꽃으로 염색해도 안 되며, 황색·등색도 염색재료가 안 되므로 잎과 뿌리의 색소를 열탕에 수십 회 끓인 후 말렸다가 수년 후에 완성하여 사용함.
꽃빛 꽃색은 다양하다. 아카네는 염색용임.
키 덩굴줄기 4~6m. 뿌리가지가 많음.
용도 염료와 약용
참고 이 식물은 줄기의 가시가 거꾸로 붙었다. 모수(茅蒐)라고도 칭함.

꽃기린초(麒麟草)

학명 Sedum kamtschaticum Fisch(英·Sedum)
별명 황륜초(黃輪草)
분류 꿩의비름과 꿩의비름속·자생다년초
원산지 한국, 일본
재배 본래 산지나 해안의 바위 위에서 성장한 다년초이며, 굵은 근경에서 줄기가 나오며 높이 10~30cm가 됨. 일광을 좋아하며 건조에 강하고 씨앗싹과 잎을 심어서 번식시킴. 한편, 수분이 많은 바위나 건조한 돌담에서도 늘어지면서 자란다. 7~8월에 줄기의 정상에 집산화서(花序)가 생기고 황색 5판의 별모양 꽃이 핌.
꽃빛 핑크
키 10~30cm(꽃은 군생함)
용도 화분심기, 돌담심기, 록가든용
참고 이 기린초는 우리나라 제주도의 해안지대와 바위주변에 자생함.

꽃 삽 주 (花薊)
학명 Cirsium japonicum DC.(英·Hower Tractylis ovata)
별명 독일삽주
분류 국화과 삽주속·내한성 숙근 다년초
원산지 일본
재배 이 삽주는 한국에도 있는 삽주품종과 유사하다. 국화과라고 하지만 엉거시과에 속한다고도 한다. 일본원산이나 독일원예종으로 알려져 있다. 재배는 숙근초이나 파종재배도 함. 춘추로 한다. 봄파종은 5월 화분상자에 심어서 발아 후에 시비하여 양지에 두고, 가을에 다시 시비하면 다음해 5~6월에 개화함.
꽃빛 쟈홍색이 주임(백색·도화색도 있음).
키 50cm 안팎
용도 화단용, 꺾꽃이용, 삽화용
참고 삽주에는 본종인 삽주가 따로 있으며, 2년초의 대형삽주도 있음.

꽃아카시아
학명 Robinia hispida-acacia(英·Rose Acacia)
분류 콩과 가시아카시아속·내한성 낙엽고목(관목)
원산지 북아메리카, 호주
재배 아카시아는 남호주원산의 황색아카시아종과 북미원산으로 향기를 지니고 콩깍지가 열리는 나비형 흰 꽃의 두 종류의 교목이 있으나 한국에 번식된 야생종은 이 가시아카시아속이다. 여기서 말하는 꽃(Rose)아카시아는 가시아카시아의 개량된 변종이다. 특히 이 아카시아를 관목이라 함은 왜성인 까닭이며, 양종(良種)에 속한다.
꽃빛 연분홍색
키 1~2m
용도 정원수, 공원수용
참고 위의 3종의 아카시아는 모두 가을에 전정을 하고, 개화는 4~6월에 한다.

꽃캐비지(葉牡丹)
학명 Brassica oleracea L. var acephala(英·Flowering Cabbage)
분류 유채과 유채속·반내한성 관엽다년초
원산지 유럽
재배 식용캐비지와 거의 같은 모양이며, 재배는 일광과 배수가 좋고 비료의 양과 주는 시기에 세심한 주의가 필요함. 번식은 4~5월에 평지에 파종하고, 발아 후 본엽 1~2매 때 비료를 준 묘상에 이식, 파종 후 1개월째 정식묘상에 심고 비료를 조정함. 10~11월에 저온이 되면 엽색에 착색하고, 0℃ 이하에는 방한을 함.
꽃빛 엽색이 회색, 진홍색, 황백색, 자주빛
키 20~35cm(고성종 30~70cm)
용도 화단용, 화분용, 생화재료용, 축의용
꽃말 축복, 이익
참고 0℃ 이상의 온도를 유지해 주면 화려한 색깔을 볼 수 있다.

나 팔 꽃
학명 Pharbitis Nil(英·Imperial Morning Glory)
분류 메꽃과 통꽃속
원산지 아열대아시아, 열대아메리카
재배 4~5월에 파종한다. 옮겨심기도 가능하며, 씨앗은 물에 담궜다가 심음. 화분심기에는 직경 21cm 이상의 것을 사용하며 울타리밑심기는 40cm 정도의 간격을 두고 심는다. 화분심기에는 지주가 필요하다. 화분은 수분제거상 땅위에 직접 놓아서는 안 된다. 비료는 어분, 겨비료를 줌. 개화 7월
꽃빛 빨강색, 흰색, 보라색, 청색, 복숭아색
키 덩굴로는 3m까지, 화분은 50~60cm
용도 화분, 울타리, 씨앗은 설사제용
꽃말 애착의 실마리, 결속, 속절없는 사랑
참고 나팔꽃은 덩굴꽃으로 대륜, 소륜 등이 애용되고 화분꽃은 개량품종이 많다.

네 리 네
학명 Nerine Herb(英·Diamond Lily)
분류 석산과 네리네속·불한성 구근초
원산지 남아프리카 케이프지역
재배 원산지에서 유럽, 동양, 미국 등으로 이식되어 원예꽃으로 환영받고 있다. 40종의 원종이 있다. 화류은 10~30여 판종이 있음. 재배는 늦여름에서 가을 중추까지 인경구근을 심되 배수가 잘 되는 토질로 화분에다 심고, 9월 중순에서 10~11월 성화기를 거쳐 12월까지 핌. 관수를 계속하여 다음해 잎이 지면 중단하고 건조시켜 둠.
꽃빛 주홍색, 핑크, 백색, 장미색, 자색 등
키 30~70cm(꽃잎은 난초와 같음)
용도 화단용, 화분용, 꺾꽃이용
참고 이 네리네는 대형꽃종 이외에 줄기마다 정수리에 불꽃처럼 꽃술이 길게 침상으로 뻗고 10여 개의 꽃잎도 사방으로 산개함.

느릅나무꽃
학명 Ulmus
별종 봄느릅(Ulmus japonica Sang.) 가을느릅(Ulmus parvifolia Jacq)
분류 느릅나무과 느릅나무속·낙엽고목
원산지 한국, 중국, 일본, 대만
재배 한반도의 산지나 마을의 어디서나 자라는 낙엽고목으로, 봄에 꽃이 피는 봄느릅과 가을에 꽃이 피는 가을느릅의 두 종류가 있다. 타원형의 잎이 호생하며, 가지마다 황록색의 작은 꽃이 여러 개 핀다. 앞에는 톱니가 있다. 재배는 추위에 강하고 응달에서도 자란다.
꽃빛 봄꽃은 황록색, 가을꽃은 담황색
키 15~30m
용도 정원수용, 공원수용, 목재용, 분재용
꽃말 위엄, 애국심
참고 자연자생 수목이나 계분, 화성비료를 주어도 좋다. 수피는 쐐기용으로 쓴다.

다목화(茶木花)

- **학명** Thea sinensis Linn.(英·Tea-tree)
- **분류** 동백과 다목속·상록저목, 실용수
- **원산지** 중국, 한국, 일본 각지
- **재배** 이 다목은 일조가 잘 되는 비옥한 심층토를 좋아함. 10~11월에 꽃과 열매를 맺음. 붕아력(崩芽力)이 강함. 전정도 함. 심근성의 고목은 이식이 힘듦. 다목은 비료에 계분, 부엽토, 화성비료를 줌. 번식은 뿌리포기와 파종, 삽목함. 잎은 피질이 약하고 장타원상 피침형에 톱니가 있음.
- **꽃빛** 녹차(백색잎·황색꽃술), 홍차(연분홍색, 백색)
- **키** 왜성(1~3m), 고성(7~8m)
- **용도** 녹차와 홍차의 제조목, 정원목, 담장용
- **꽃말** 추억
- **참고** 차라면 다밭을 생각하지만 이 다목화는 잎차, 꽃, 열매가 모두 불교의식에 이용됨.

다알리아(1)

- **학명** Dahlia variabilis(英·Vuwin's Dwarf Hybrid)
- **분류** 국화과 다알리아속·반내한성 다년초
- **원산지** 멕시코, 과테말라
- **재배** 지하에 구근이 있고, 줄기가 중심에서 뻗어나가므로 두상화가 피면 곧장 정지(整枝)를 해야 하며, 강한 눈을 남기고 나머지는 따버린다. 양달을 즐기며 배수가 좋은 토질에 심는다. 비료와 흙을 잘 섞어서 묘판을 만든다. 3~5월에 파종, 7~10월 개화.
- **꽃빛** 홍색, 황색, 보라색, 복숭아빛
- **키** 1~1.5m(고성종은 화경이 7~10cm나 된다)
- **용도** 화단용, 꺾꽃이용, 화분용, 프란타용
- **꽃말** 변덕, 우아미, 감사
- **참고** 원종이 유럽으로 이식되었으며, 1790년 스페인의 마드리드에서 처음 개화했다.

다알리아(2)

- **학명** Dahlia hybrid(다알리아변종, 왜성)
- **분류** 국화과 다알리아속·반내한성 다년초
- **원산지** 멕시코, 과테말라
- **재배** 원산지에서는 높은 산언덕에 대량 군생하여 산촌에서 재배한다. 멕시코에서는 표고 1,000~3,000m의 고원의 모래자갈땅에서 야생하여 봄우기에 발아하고, 8~9월에 개화한다. 이곳 기온은 12~18℃, 습도 45~75%의 차고 시원한 땅이 적소이므로 이 점을 감안해서 재배한다. 다른 점은 고성종과 같다.
- **꽃빛** 적색, 백색, 핑크, 황색
- **키** 개화할 때 15~20cm, 그 후 30~50cm
- **용도** 화단, 화분, 꺾꽃이용
- **꽃말** 감사
- **참고** 이 왜성종에는 시멘종과 멜키종 혹은 톱·믹스종 등이 있으며, 꽃의 직경이 3~5cm 정도이고, 홑겹꽃도 있다.

다알리아의 여러 가지

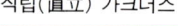

| 직립(直立) 가크더스 | 부드러운 데코라 거대륜(巨大輪) | 딱딱한 데코라 대륜 | 딱딱한 데코라 거대륜 |

| 연발개화(連發開花) 담색종 | 연발개화 귀여운 적색종 | 적색 가크더스 변종 | 만추(晩秋) 가크더스 변종 |

단 풍(丹楓)
- **학명** Acer L.(英·maple-tree)
- **분류** 단풍과 단풍속·낙엽고목, 저목
- **원산지** 한국, 중국을 중심한 북반구
- **재배** 상록단풍과 홍엽수종으로 대별되는데, 홍엽수종이 가을 감상수목이다. 참단풍, 당단풍, 노인단풍 등 140종 가량임. 재배는 비옥한 토양질이 좋으나 서향(西向), 바닷 바람과 건조를 싫어함. 뿌리심기는 11월에 하고, 이식을 할 때는 물기흙을 씀. 4~5월에 시비를 함. 원예심기에는 부식토를 씀. 초봄에 눈엽이 난다. 단풍의 홍엽이 꽃으로 감상됨.
- **꽃빛** 홍색, 연초록색(꽃단풍은 홍색. 그 밖엔 녹색)
- **키** 3~7m(저목종도 있음)
- **용도** 정원수용, 분재용, 꺾꽂이용
- **꽃말** 자제, 근신, 은퇴, 보존
- **참고** 단풍꽃은 개량신종이며 잎이 아님.

한국의 단풍나무(속리산)

달맞이꽃
- **학명** Oenothera strica Ledeb. ex Link
- **분류** 달맞이꽃속·월년초, 로제트식물
- **원산지** 남아메리카
- **재배** 해안이나 강변의 모래땅에 야생분포하는 귀화식물(歸化植物)이다. 야생종이라 그대로 땅에 뿌리를 심어도 2m 가량의 긴 줄기 끝에 꽃이 서너 개 핀다. 뿌리쯤을 잘라서 분지시킨다. 결실한 줄기는 생화재료로 쓰인다. 이 달맞이꽃과 비슷한 물망초 등 꽃종이 많다. 잎은 피침형(披針刑)이며, 열매가 주두(柱頭)에서 네 쪽으로 찢겨서 씨앗이 쏟아져 야생한다.
- **꽃빛** 황색
- **키** 30~90cm
- **용도** 정원, 화분용
- **꽃말** 가련한 사랑
- **참고** 한국·일본에 많이 군락자생하지만, 전파된 것은 1850년경이며 정서적이다.

담쟁이덩굴
- **학명** Parthenocissus tricuspidata Planch(英·Ivy)
- **분류** 포도과 담쟁이덩굴속·덩굴성 낙엽목본
- **원산지** 한국, 일본, 중국
- **재배** 담쟁이덩굴은 주로 동북아시아가 주산지이나 미국, 영국에는 별종이 있다. 암벽이나 수목과 지붕으로 올라가는 낙엽덩굴로 그 잎이 가을에 홍엽이 되면 매우 아름답기도 하다. 본래 야생종보다 원예품종이 좋다. 일광은 필요하나 토질은 가리지 않음. 줄기에 흡반(吸盤)이 있어 부착된다. 각 품종이 7~10월 사이에 개화하고, 가을에 액과를 맺음.
- **꽃빛** 황록색(열매는 알로 흑자색임)
- **키** 화분용은 전지를 함(1~1.5m).
- **용도** 벽면속화용, 관엽수, 정원용, 담장용
- **꽃말** 아름다움이 유일한 생명
- **참고** Hedera helix는 영국종임.

당 귀 꽃(當歸花)
- **학명** Angelica acutiloba(英·Angelica)
- **별종** Angelica pubescens Maxim
- **분류** 미나리과 멧두릅속·다년초
- **원산지** 중국, 한국, 일본
- **재배** 이 당귀는 일찍부터 중국, 한국의 산지의 1천m 높이에서 많이 자라는 자생종이며, 야산에서도 흔히 한두 포기를 볼 수 있다. 약용으로 뿌리는 강장제와 혈청제로 사용된다. 재배는 일광과 배수가 잘 되는 습지를 좋아한다. 원예종으로 재배할 때는 화분이 커야 하며, 대량의 밭작도 하고 있다. 여름에 가지 끝에 대형의 복수형 화서(花序)가 열리고 5판화가 핀다.
- **꽃빛** 백색, 흑자색
- **키** 60~90cm(1~2m), 열매도 열린다.
- **용도** 당귀뿌리는 약용, 멧두릅은 잎을 먹는다. A. pubescens는 약용이 아님. 정원, 화분용.
- **참고** 꽃이 특이하여 원예감상용도 된다.

더스티밀러(白妙菊)
학명 Senecio cineraria DC.(英·Dusty-miller)
분류 국화과 앵초속(櫻草屬)·내한성 2년초
원산지 지중해 연안지방
재배 이 꽃의 학명 세네시오는 Senex(老人·백발용)의 뜻으로 이 식물이 백색의 관모(冠毛)를 가진 데 연유한다. 실지로는 이 꽃은 잎과 줄기에 자라난 은백색의 비단털이 회색으로 보이기 때문이다. 재배는 일조와 배수가 잘 되는 토지를 좋아함. 봄심기로 3~4월에 파종하여 육묘한 후 장마 전에 정식하면, 가을 초에 아름다운 잎을 보게 됨. 화단으로 정식한 후에 한지에서는 후레임이나, 실내에서 보호함. 2년째 5~6월에 개화함. 강인하고 내한성이 강한 숙근초.
꽃빛 설백한 잎에 황색꽃은 국화와 같음.
키 25cm~60cm(줄기가 40cm 정도)
용도 화단용, 록가든용, 프란타용, 화분용
참고 꽃보다도 은백색의 잎과 줄기를 감상함.

데이지
학명 Bellis perennis(英·True Daisy)
별명 장명국(長命菊), 애기국화
분류 국화과 애기국화속·가을파종, 반내한성 1년초(숙근초)
원산지 서유럽
재배 원산지인 유럽에서는 본래 잔디풀 속에 피는 잡초로 에토나 몬스트로사, 3색리베우 등의 5·6종으로 개량된 금잔화를 닮은 꽃. 재배는 발아온도 20℃ 내외. 향일성 식물. 9월 중순에 파종 후 육묘하면 봄에 개화한다.
꽃빛 빨강색, 핑크, 흰색
키 10~20cm
용도 화단장식, 돌정원의 조경용, 화분용
꽃말 천진난만, 순수
참고 이 꽃은 이탈리아의 국화로, 학명의 뜻은 아름다움. 품질개량으로 겨울과 초하에도 볼 수 있다.

도라지
학명 Platycodon grandiflorum(英·Chinese bellflower)
별명 길경(桔梗)꽃
분류 도라지과 도라지속·가을, 봄심기 다년초
원산지 시베리아, 중국 북부, 한반도, 일본
재배 3월 하순에 유기질의 점토화분에 파종하여, 도중에 새치기하고, 시비와 관수에 유의한 후 포기나누기는 10월 하순에 한다. 꽃은 6~9월 동안에 피며, 꽃은 초롱꽃 모양으로 하향이며 홑겹, 쌍겹의 청초함을 풍긴다.
꽃빛 백색, 보라색, 청색
키 왜성(20~30cm), 50~60cm(보통)
용도 정원용, 화분용, 생화재료용, 꺾꽂이용, 뿌리는 식용으로 많이 재배한다.
꽃말 변함없는 애정
참고 한국의 산야에는 어디서나 자생하였으나, 근래에는 식용재배종이 많다.

한국의 동백나무(거제도)

동 백(冬柏)(1)
학명 Camellia spp.(英·Camellia)
분류 동백과 동백속·내한성 상록저목
원산지 한국, 중국, 일본, 동남아시아
재배 동백은 동양의 꽃으로 모란이나 매화와 같이 동양인의 심성에 큰 비중을 차지하고, 특히 샤머니즘 종교와 밀접하며 그 밖에 문학·미술에도 애용된 화목이다. 한국에는 울릉도동백이 특종이며, 남해섬에도 우수한 동백이 많다. 등동백, 사츠원동백, 크리산다동백 등이 주품종으로 Camellia에 속한다. 재배는 9~10월에 채종(採種)하면, 2~4월에 발근한다. 1개월 후 묘목이 되고, 연내에 잎이 되고 2년째 6월부터 꽃망울이 진다.
꽃빛 주홍과 백색이 주를 이룬다.
키 1~2m
용도 정원목, 분재에 애용. 씨는 유료(油料).
꽃말 홍색은 자연스런 우아미, 백색은 매력.

동 백(冬柏)(2)
학명 Camellia japonica(英·Common Camellia)—양종(洋種)화된 품종을 말함.
별명 겨울동백(야생덩굴동백의 별명이다)
분류 동백과 동백속·내한성 상록관목
원산지 한국, 일본, 중국
재배 이 품종은 학명으로는 일본동백으로 불리우나 한국의 산지에서도 흔히 볼 수 있는 야생종이다. 양지 또는 반양지에 일조와 배수가 잘 되면 토질은 상관없다. 가지전정은 3~4월에 하며, 11~3월에 피는 품종과 9~11월에 피는 품종이 있다.
꽃빛 진홍색, 백색, 홍색 중심의 얼룩이
키 2~5m
용도 정원, 분재용으로 애용됨.
꽃말 우아미(홍색), 매력(백색)
참고 동백은 꽃술의 황색과 화판의 주홍이 대조적이다. 동백의 군락재배는 일품이다.

동 양 난(東洋蘭)
학명 Cymbidium spp.(英·Oriental Orchid)
분류 난과 춘란(春蘭)속·내한성 다년초
원산지 중국, 한국, 일본, 대만
재배 이 동양란의 칭호는 춘란, 한란(寒蘭), 풍란(風蘭), 설란, 석곡 등의 총칭이다. 난초는 동양인의 문화정서를 대표하는 꽃의 일종으로 한국화에서도 문인화의 대상이 되어 왔다. 재배는 배수가 잘 되고, 겨울은 따뜻하고 여름은 시원한 것이 원칙이요, 적당한 흡수성이 있는 용토면 되나 품종에 따라 재배가 까다롭다. 비료와 관수는 원예가와 상담함이 좋다. 4월과 11월에 포기나누기로 심는다.
꽃빛 백색, 주황색, 자색
키 고성종(60~70cm), 왜성종(30~40cm)
참고 난은 꽃피우기와 다루기에 정성과 청명 심사가 요구된다. 한란의 자생종이 화제의 대상이다. 화기는 11~1월이다.

동양란의 여러 가지

제관(帝冠)   일본 춘란 대설령(大雪嶺)   일본 춘란 신농화(信濃花)   수문룡(守門龍)

일본의 춘란 도산금(桃山錦)   취국(翠菊)   황화소심(黃花素心)   적화소심(赤花素心)

두 견 초(杜鵑草)
학명 Tricyrtis hirta Hook
분류 나리과 두견초속・봄심기 다년초
원산지 한국, 일본
재배 두견초속은 동아시아에 약 20종이 있다. 본종은 화판에 자주색 점이 있다. 하기에는 반응달이 되는 장소를 택한다. 흙은 부식질이 많은 가벼운 땅이 좋다. 화분심기는 동기에 화분채, 나무 아래에 묻거나, 후레임 안에서 다소 건조하게 관리한다. 3월에 갈아심기하는 동시에 포기나누기를 하고, 열매로도 번식하나 6월경 줄기심기로도 가능하다. 가을꽃으로 9~10월에 개화함.
꽃빛 황색, 주황(흙빛)색, 암자색
키 3~15cm종의 황색종. 30~50cm(본종)
용도 화분심기용, 화단배경용
참고 두견화의 명칭은 꽃의 자반(紫斑)이 두견새의 흉반(胸斑)을 닮은 데서 유래됨.

라넌큘러스
학명 Ranunculus asiaticus(英・Garden Crewfot)
분류 라넌큘러스속・가을심기 내한성 구근초
원산지 중근동, 유럽 동서부
재배 배수가 잘 되고 건조한 땅의 모래질 토양에 적합하다. 발아온도 15℃ 안팎. 종자나 구근은 9~10월에 파종하고 이듬해 5월에 개화한다. 구근은 고온다습에는 썩기 쉬우므로 완전히 건조시켜서, 뿌리나누기로 번식시킨다.
꽃빛 황색, 진홍색, 백색
키 40~60cm
용도 화단, 화분, 꺾꽃이용
꽃말 망은(忘恩), 화사한 매력
참고 외래종은 온실, 화단재배로 품종이 우수하다. 꽃은 작약꽃처럼 겹겹이 피기 때문에 탐스럽게 보이고, 한 구근에서 각종의 색깔을 나타내기 때문에 환영받는 꽃이다.

라 벤 더
학명 Lavandula vera DC.(英・Lavender)
분류 차조기과 라벤더속・숙근성 소저목
원산지 지중해 연안
재배 이 라벤더는 유럽에서는 로마시대부터 향초(香草)로 알려져 오랜 역사를 가지고 있고, 우리나라의 차조기(紫蘇) 식물인 참깨나무와 비슷하며 담자색 일색의 식물이다. 재배는 혹한, 고온, 다습을 싫어하며, 일광을 요한다. 노지재배에는 서리를 피하고, 번식은 봄에 포기나눔 또는 뿌리꽂이하며, 봄에 발아한다. 가정재배로는 낮은 키의 품종을 봄에 심는다. 개화는 여름에 함. 줄기 끝에 6~12cm의 꽃이 20cm의 꽃이삭에 총생함.
꽃빛 담자색(라벤더색)
키 60~90cm(직립형으로 총생함)
용도 향수, 향유, 약용(꽃과 줄기에서 채집)
참고 로숀, 오데코롱, 그 밖의 향수의 원료

라일락

라 일 락
학명 Syringa vulgaris(英・Lilac)
별명 리라꽃(프랑스어명)
분류 목서과(木犀科) 물푸레나무속・내한성 낙엽 꽃나무(中木)
원산지 지중해 연안
재배 라일락꽃나무는 우리나라의 물푸래나무나 금목서(金木犀)와 유종이 흡사하다. 금목서 꽃도 라일락처럼 가지 끝에 많은 잔꽃이 핀다. 꽃나무로서는 중・고목에 속한다. 재배로는 양지바르고 배수가 잘 되는 비산성의 땅에서 쉽게 자란다. 7~10월에 접목발아를 시키는 것이 좋다. 화기는 3~5월, 꽃향기가 독특하여 정원목으로 환영받는다.
꽃빛 백색, 보라색, 복숭아빛
용도 정원수, 꺾꽃이, 향료용
꽃말 첫사랑
참고 라일락은 가지 끝의 꽃타래가 특색임.

로 데 아(萬年靑)
학명 Rohdea Roth(英・Rodea)
별명 여로(黎蘆)
분류 나리과 로데아속・상록성 다년초
원산지 한반도, 중국, 일본, 대만
재배 이 만년청은 약초로 한국과 중국에서 알려졌으며 잎사귀의 감상이 주이고 꽃은 피지 않는다. 품종은 대엽(大葉), 중엽, 소엽으로 구분한다. 재배는 반응달이나 물이 잘 빠지는 곳이 좋으나, 건조한 곳은 적합하지 않다. 야생종은 3월에 생육 시작, 5월에 잎이 갈라지고 7・8월에는 조석의 물주기 등을 하며, 겨울은 하우스 재배가 좋다.
키 대엽 30cm 이상, 중엽 20~30cm, 소엽 15~20cm
용도 화분심기용, 화단용
참고 로데아는 잎의 모양이 애호받고 있으며 반점이 희게 번져 있다.

루삐너스
- **학명** Lupinus L.(英‥Lupine)
- **분류** 콩과 루삐너스속·가을심기 1·2년초
- **원산지** 지중해 연안·북아메리카
- **재배** 이 꽃은 일광과 배수가 잘 되는 비옥한 땅을 선호함. 산성토와 이식을 싫어함. 보통 가을심기를 하고, 파종은 9월 중에 행함. 화단이나 화분의 육묘기간은 40~50일. 개화 2~5월. 이 루삐너스는 밭작으로 대량재배가 가능하며, 추위에 강하나 서리피하기를 해야 함. 꽃줄기는 직경이며, 잎은 팔손처럼 갈라짐. 꽃은 총채형으로 수십 개가 붙음.
- **꽃빛** 청색, 적색, 자색, 도화색, 황색, 백색
- **키** 꽃이삭(60cm), 왜성(40cm)
- **용도** 화단, 화분, 꺾꽂이 및 목초·녹비용
- **꽃말** 공상, 탐욕
- **참고** Lupine의 명칭은 늑대라는 고대그리스어. 숙근(宿根) 루삐너스는 화려한 꽃종임.

리 넘(亞麻)
- **학명** Linum usitatissimum(英·Flax hemp)
- **분류** 아마과 리넘속·추,춘심기 1년초
- **원산지** 중앙아시아, 북아메리카, 유럽
- **재배** 이 아마는 온대식물로 약 90종이 있으며, 줄기에서는 섬유, 씨에서는 아마기름을 거두는 것으로 많이 애용됨. 원예상 재배는 건조하며 일광과 배수가 좋은 곳이 적합하다. 1년초는 내한성이며, 가을심기는 9월 하순 파종, 11월 초에 화단에 이식함. 봄심기는 3~4월에 파종하여 곧 이식함. 개화(가을심기)는 5~6월, 봄심기는 7~8월. 비료는 과비는 무용이며 관상용 재배종은 내한성 1년초가 적합함.
- **꽃빛** 홍아마(L. 그란디종), 담청(L. 뻬레네)
- **키** 30~60cm(1년초), 대량종(50~120cm)
- **용도** 화단, 꺾꽂이, 삽화, 섬유, 약용
- **참고** 특히 홍화종은 양귀비와 같이 진하고 아름다운 줄기갈래꽃임.

리크니스(仙翁類)
- **학명** Lychnis L.(英·Lychnis)
- **분류** 패랭이과 리크니스속·내한성 다년초
- **원산지** 유럽, 시베리아, 중국, 한국, 일본
- **재배** 이 리크니스는 1·2년초도 있으며, 명칭의 뜻은 램프(등불)라는 고대 그리스어에서 유래한다. 이 품종 중에 L. coronaria종은 취선옹(醉仙翁)으로 알려진 다년초가 가장 유명하다. 재배는 어느 품종이나 배수가 잘 되는 사양토(砂壤土)가 좋다. 종자는 가을과 봄에 심고 포기나눔으로 심는다. 봄파종은 다음해에 개화함. L. senno는 중국원산이며, 개화는 6~7월과 9월까지이다. 잎은 쌍떡잎임.
- **꽃빛** 진홍색이 주임. 백색, 도화색도 있음.
- **키** 왜성종(30~40cm), 고성종(60~90cm)
- **용도** 화단, 화분, 생화재료 등
- **참고** 품종으로는 L. sieboldii, L. hadgena 등 원예종이 많고, 꽃이 패랭이꽃과 유사하다.

마 디 풀(蓼草)
- **학명** Polygonum L.
- **별명** 여뀌(Persicaria hydropiper)
- **분류** 마디풀(여뀌)과 마디풀속·1년생 화초
- **원산지** 북반구 일대(한국, 중국, 일본)
- **재배** 이 마디풀은 요화(蓼花)라고 해서 풀가지 끝에 꽃이 핌. 우리나라에서는 마디풀 또는 여뀌라고 칭하는데 흔히 혼용되고 있다. 학명상으로는 차이가 있으나, 실상은 같으며 습지 또는 물가에 야생한다. 여뀌는 일명 버들여뀌라고 해서 마디풀의 주종이며 일광이 좋은 습지에서 꽃은 암수양성임. 잎은 호생하며 피침형이고 가을에 긴 꽃이삭이 나며 담홍색의 꽃이 핌. 개여뀌, 꽃여뀌, 봄여뀌 등이 있으며 흰꽃이 봄개화, 빨간색종이 있다.
- **키** 40~60cm(품종에 따라 왜성종이 있음)
- **용도** 정원용, 화분용 및 잎은 식용, 향신료용
- **참고** 줄기 끝에 꽃이 벼이삭처럼 총생함.

마로니에
- **학명** Aesculus hippocastanum L.(佛·Marronier)
- **분류** 너도밤나무과 상수리나무속·낙엽종·고목, 꽃나무
- **원산지** 지중해 연안
- **재배** 이 마로니에는 상수리나무와 같은 서양 상수리로 알려진 품종이다. 프랑스 파리의 가로수로 이름나 있어서 프랑스 명칭으로 부른다. 녹음수(綠陰樹)로 알려져 있다. 흰 타래꽃은 아카시아와 비슷하나 꽃색깔은 품종에 따라 다양하다. 재배는 일광과 배수가 잘 되는 땅이 좋고 방한·방서의 필요가 없다. 11~12월에 심거나, 3~4월에 심는다. 화기는 4~6월임.
- **꽃빛** 백색, 황색, 분홍색, 주황색
- **키** 10~30m
- **용도** 정원목, 공원수, 가로수, 기념수용
- **꽃말** 박애, 사치

마 름(菱草)
- **학명** Trapa japonica Flerov(英·Water-nut)
- **분류** 꼭두서니과 마름속·1년생 수초
- **원산지** 한국, 중국, 일본
- **재배** 이 마름은 바늘꽃과에 속한다고 하기도 한다. 우리나라 늪이나 못에 가장 흔하게 자란다. 양광과 점토질의 수중에서 재배하며, 길고 가는 줄기가 물 속으로 번져서 다수의 잎을 수면에 펼친다. 잎이 마름꼴이라서 마름풀이라 부름. 수발이나 못의 경우 비료를 많이 줘야 하며 여름엔 잎 옆에서 짧은 꽃굴대가 나오고 4개의 장타원형의 작은 흰 꽃을 피움.
- **꽃빛** 백색
- **키** 수편상 10~15cm(깃들 수중근은 1~2m)
- **용도** 못, 수발심기, 마름다식(茶食)
- **참고** 마름열매의 가루로 능실다식(菱實茶食)을 만들어 식용함. 우리나라 속칭으로 마랭이, 말밤, 말배 등이 있음.

마타리꽃(女郞花)
학명 Patrinia scabiosaefolia Fisch
분류 마타리과 마타리속·다년초
원산지 한국, 중국, 일본, 동시베리아
재배 양지바른 산야에 자생하는 가녀린 줄기 끝에 음력 한가위가 되면 꽃이 핀다. 배수가 잘 되는 마당에 심는다. 포기나누기로 번식하거나 싹눈가지를 심기도 한다. 땅 밑에 굵은 근경이 있고 줄기의 높이는 1m 정도로 잎은 대생(對生)하며, 화경은 3~4mm이다. 화관은 다섯으로 분열하고 열매는 타원형으로 7~8월에 꽃술을 따서 분지(分枝)시켜도 된다.
꽃빛 황색, 백색
키 1~10cm
용도 마당심기용, 화분용, 다화(茶花)용, 이뇨약제
꽃말 미인
참고 유사종에 남랑화(男郞花)가 있음.

망 초
학명 Erigeron canadensis
분류 국화(엉거시)과 망초속·월년 다년초
원산지 북미산의 귀화식물, 한국에 흔함.
재배 망초속의 개망초 왜성종으로 야생되고 있음. 개망초는 근생잎이 로제트형으로 외줄기의 흰 꽃이 핀다. 다만 이 망초꽃은 잎이 피침형으로 톱니가 있고 본줄기에서 가지가 나고, 그 가지 끝에 관모가 긴 설상화(舌狀花)가 여러 개 핀다. 우리나라의 초원 또는 길가의 노방초로 가을부터 로제트형으로 월동하고 초봄에 개화한다. 종자는 널리 퍼져 번식력이 강함.
꽃빛 백색, 담홍색.
키 30~60cm, 꽃직경 2~2.5cm
용도 꺾꽂이, 정원용
참고 망초는 봄의 야로로 지나쳐 버리기 쉬우나, 봄을 알리는 파이어니아로 꿀벌이 꽃술을 따는 모습을 볼 수 있다.

매리골드
학명 Tegetes patula(英·French marigold)
별명 아프리카 매리골드·프랑스 매리골드
분류 국화과·불내한성 봄심기 1년초
원산지 멕시코
재배 대체로 기후풍토의 차이에 상관없이 강하며, 파종이 쉽고, 발아와 생장도 빠르고 토질도 마른 땅에서 잘 자라며 과도한 비료에도 잘 자란다. 일광을 좋아하며, 물재배는 용기에 담아서 인초산·화성비 1g씩을 주고 여름에는 5~7일, 가을에는 10~14일에 물을 갈아 준다. 2~3월 파종. 7~10월까지 꽃핌.
꽃빛 황색, 오렌지색, 얼룩이색
키 아프리카종(40~70cm), 프랑스종(30cm이하)
용도 화단용, 화분용, 꺾꽂이용
꽃말 우정, 예언
참고 T. 에레그타는 아메리카원종이고, T. patula는 프랑스원종으로 멕시코에서 스페인으

매 화(梅花)
학명 Prunus mume(英·Apricot)
분류 장미과 벚꽃속, 매화아속(亞屬)·낙엽 꽃나무, 과수(果樹)
원산지 중국
재배 매화나무는 설중매(雪中梅)로 알려져 그 추위 속의 절개와 조기개화로 동양문화권의 상징적 나무이며, 양지바른 곳, 배수가 잘 되는 비옥한 땅이 적격이다. 대기오염에 약하므로 도시조경에는 부적당함. 번식은 주로 접목하며 1~2년 후에 개화하는데, 늦으면 4~5년 후에 개화한다. 종자심기는 10년이 소요됨. 기성목은 5월에 전지를 하면 다음 봄에 개화함.
꽃빛 홍매, 배매로 대별됨. 핑크
키 2~4m
용도 정원목, 분재, 꺾꽂이, 매실용
꽃말 인내
참고 조기개화종은 새해 정월에도 핌.

메 밀 꽃(蕎麥花)
학명 Fagopyrum esculentum Moench(英·Buckwheat)
분류 여뀌과 메밀속·일년생 과채(果菜)
원산지 중국 남부, 한국, 일본 등
재배 이 메밀은 중국에서 사찰의 승려가 식용으로 그 열매에서 가루분의 제분을 이용했다고 함. 재배는 차고 바람이 통하는 척박한 땅이 적합하다. 여름메밀은 15℃의 4~6월 중순, 가을메밀은 24℃의 7~9월 중순에 밭작물로 논두렁 위에 파종하면 보름이 지나 초추에 개화하고, 이어서 열매를 맺는다.
꽃빛 백색
키 30~40cm(화경 끝에 꽃이 핌)
용도 열매로 메밀을 만듦. 꽃은 벌꿀용
참고 이 메밀은 영양가가 높고, 그 중 루친성분은 고혈압, 당뇨병, 녹내장에 약효 있음.

메 셈 류(類)
학명 Mesembryanthema(英·Mesem)
분류 석류초과(石榴草科)·메셈아과(亞科)·열대 다육식물
원산지 남아프리카
재배 메셈류는 메셈아과의 총칭으로, 120여 속에 약 3천종을 헤아린다. 화분꽃으로 알려진 솔잎국화도 이 종속이다. 북아프리카, 아라비아, 지중해 연안까지 분포한다. 한국에서는 원예재배가 아직 활발하지 못하다. 이 메셈류의 특색은 구근이 곧 잎이요, 잎과 근경이 따로 없다는 것이다. 재배는 생육지에 따라 다르며 생육기가 만하인 경우, 봄은 휴면기가 된다. 통풍과 관수는 생육기에 하며, 가을에 개화함.
꽃빛 황색, 백색, 분홍색, 주홍색
키 잎이 15cm 정도 되는 것 외에는 10cm 안팎
용도 화단용, 화분용, 록가든심기용
참고 고도다육화식물로 잎이 감자형이다.

멕시코 해바라기
학명 Tithonia Desf.(英·Tithonia)
분류 국화과 티토니아속·불내한성 1년초
원산지 멕시코, 중남미
재배 이 티토니아는 고대 잉카제국의 국화(國花)로 되어 있어, 유적지의 미술유물에서 볼 수 있다. 그 명칭은 그리스신화의 여신 아우로라의 애인 티토누스에서 따왔다. 4월 상순에 파종, 1주일 후에 발아함. 일조와 배수가 좋은 토질이면 족함. 화단이나 화분에 씨앗을 심어서 육성하지만 화분에서 화단으로 옮겨심기도 한다. 개화는 여름 한 철이며, 꽃잎이 진 후에 씨앗을 따내 보관한다.
꽃빛 주등색(朱橙色), 꽃 뒤편은 황색
키 1m 안팎(꽃잎 7~8매)
용도 화단용, 꽃꽂이용
참고 이 꽃은 잎이 육질이고 진초록으로, 꽃이 줄기 끝의 공중에 피는 것과 대조적이다.

모 란(牡丹)
학명 Paeonia suffruticosa(英·Tree Paeonia)
분류 모란과 모란속(페오니아속)·내한성 낙엽 관목본성(灌木本性)
원산지 중국, 한국
재배 모란은 동양의 장미라 일컫는다. 그만큼 정서문화와 생활문화에 지대한 영향을 끼쳤다. 모란은 작약(芍藥)과 같은 페오니아속이나 목본성과 초본성의 차이가 있다. 백화의 왕으로 칭호됨. 재배는 양지지향이나 고온을 피하며 응달과 물기가 있는 토지에서도 자라며, 9월에 전정을 하고 10~11월에 심으며 이듬해 2월에 다시 전정한 후 3~4월에 개화함.
꽃빛 백색, 홍색, 황색, 보라색, 핑크
키 왜성종(50~80cm), 고성종(1~2m)
용도 화단, 분재, 꺾꽂이 외에 뿌리의 약용
꽃말 부귀, 화려, 수오지심(羞惡之心)
참고 모란은 가지받침을 하면 한층 돋보인다.

목 곡(木斛)
학명 Ternstroemia japonica Thunb
분류 동백과 목곡속·상록, 고·중목
원산지 일본(관동이서), 한국, 대만, 중국
재배 이 목곡과 비슷한 품종으로 사라수(沙羅樹)와 금목서가 있다. 이 목곡도 잎과 수형이 깔끔하여 단정한 점에서 아취를 주고 있다. 한국에서는 흔히 남해섬 등지에서 동백으로 오인된다. 비옥한 토지의 양토질이 좋고, 붕아력이 강해 가지갈래가 많다. 번식은 씨앗과 삽목에 의함. 7월경에 본줄기에서 화병(花柄)이 나오고, 직경 1.5cm의 담황색의 5판꽃이 핀다. 열매는 액과(液果)로, 11월에 붉게 익는 씨앗임.
꽃빛 담황색(열매는 자홍색)
키 10~15m
용도 정원목(정원목은 퇴비, 한비를 줌)
참고 이 목곡은 고목으로 원예종은 아니지만 수종을 공원목에 이용할 수 있다.

목 련(木蓮)
학명 Magnolia(英·Magnolia)
분류 목련과 목련속·낙엽꽃나무(中木)
원산지 한국, 중국, 북미주
재배 목련은 식물학상으로 밝혀진 지상 최고(最古)의 모습으로, 1억 년 전부터 존재한 화석에 밝혀져 있는 꽃나무이다. 이 꽃의 암술은 개화와 동시에 시들지만, 수술은 개화 후에 비로소 성숙한다는 꿀벌과 같은 현상을 보인다. 재배는 양지바르고 습도가 없는 산지의 바람이 약한 곳에서 잘 자라며, 이식(移植)에는 약하기 때문에 정원조경의 이식에는 조심해야 함.
꽃빛 백목련, 자목련이 주종. 분홍색, 황색
키 2~5m의 중목. 거목종도 있음.
용도 정원목, 꽃향료용, 생화재료용
꽃말 장엄, 은혜, 자연사랑
참고 목련은 4~5월의 향기 짙은 꽃으로 우리나라의 소백산 동남쪽 죽계계곡의 명산물임.

무 궁 화(無窮花)
학명 Hibiscus syriacus(英·Shrub althea)
별명 근화(槿花), 목근화(木槿花)
분류 아욱과 갈래꽃속·낙엽 활엽 관목
원산지 한국, 일본, 동남아시아
재배 재배는 씨앗심기와 꺾꽂이심기로 아무데서나 잘 자란다. 토질은 배수가 잘 되는 산성토가 적합하다. 꽃심기는 한겨울의 낙엽기를 피하면 되나, 가을보다 봄의 3~4월까지 심는다. 가지꽂이심기는 봄도 좋으나, 6~8월과 9월도 무방하다. 봄심기는 지난 해의 가지를 10~15cm로 잘라 심는다. 한겹꽃종은 왜성종으로, 봄심기는 그해 안으로 꽃이 핀다.
꽃빛 보라색, 분홍색, 흰색, 속이 붉은 것.
키 왜성은 1m 이내, 1~3m
용도 정원수, 공원수용
꽃말 일편단심(아침에 피어 저녁에 지는 꽃)
참고 무궁화는 환경공해와 빈한에 약하다.

분홍색과 흰색의 무궁화

미나리꽃
- **학명** Oenanthe javanica DC.(英·Darsley)
- **분류** 미나리과·습지상 다년초
- **원산지** 한국, 중국, 일본, 말레이지아, 인도
- **재배** 재배는 습지나 물웅덩이에 자라며, 지금은 수전(水田)이나 벼농지를 이용하여 습지나 늪지대로 만들어 대량재배하면 숙성이 빠르다. 미나리는 약묘(若苗)를 따지 않고 그대로 두면, 희고 굵은 땅줄기가 나와서 늘어난 가지잎을 말한다. 여름에 30cm 정도의 화경(花莖)이 나와서 5판화가 복수형 화서상을 이루고 특유한 향기가 남. 화분이나 마당심기, 채원에 심을 때는 물이 고이는 용기를 쓰며 춘추를 즐긴다.
- **꽃빛** 백색
- **키** 30cm(화경을 키운다)
- **용도** 채원(菜園), 못, 수발, 정원, 화분용
- **꽃말** 가난하지만 고결(高潔)함.
- **참고** 식용 이외에 원예·감상용으로 키움.

민들레
- **학명** Taraxacum Wiggers(英·Dandelion)
- **별명** 포공영(蒲公英)
- **분류** 국화과 민들레속·근생엽 다년초
- **원산지** 한국, 일본 각지에 분포한다.
- **재배** 일광을 좋아하면서 다수의 근생엽(根生葉)이 방사선상으로 피어나며, 봄철(3~5월)의 한국의 들판에서 어디서나 자생하는 동화적(童話的)인 꽃이다. 꽃이 진 관모(冠毛)에서 종자가 바람에 날려 땅에 묻혀 지하에서 월동하고, 봄에 다시 근생엽이 나오는 다년초이다.
- **꽃빛** 핑크, 황색, 관모는 희다.
- **키** 30cm 안팎
- **용도** 정원, 화분용, 잎은 튀김용(식용)
- **꽃말** 경솔, 사랑의 신탁
- **참고** 화분용으로는 자갈을 넣어 배양한다. 민들레는 특히 우리나라의 민간에서 애호되는 꽃이다. 울금초(鬱金草)라고도 함.

바위담배(岩煙草)
- **학명** Conandron ramondioides Seib.
- **분류** 바위담배과 바위담배속·다년초
- **원산지** 한국, 일본, 대만
- **재배** 산지의 바위틈에 자라는 야생초로 그 잎이 담배잎과 흡사한 데서 명명되었다. 유사종에 바위안개풀(Opithandra primulodes)이 있다. 잎에 희고 긴 털이 있고 꽃잎이 약간 적다. 재배는 산지의 그늘진 암벽이 적합하고, 원예에는 배수가 잘 되는 습하고 그늘진 곳이 좋으며, 정원이나 화분심기에도 서늘한 담장과 돌담같은 환경을 요한다. 뿌리나눔을 하고, 여름꽃이 핀다.
- **꽃빛** 연분홍의 별꽃, 자홍색
- **키** 꽃굴대(10~30cm)
- **용도** 마당심기, 록가든, 화분용
- **참고** 꽃이 다섯 잎으로 갈라지고, 열매는 갈라지면서 작은 종자가 나온다.

방울꽃
- **학명** Convallaria L.(英·C. majalis)
- **별명** 군영초(君影草), 매저리스
- **분류** 나리과 방울초속·내한성 봄·가을심기, 다년초
- **원산지** 유럽, 중국, 한국, 북미주
- **재배** 고산 초원에 자생한 반음지(半陰地)의 숙근초이므로 집단군락으로 심으면 가장 아름답다. 재배에는 식물이 썩은 토질이 적합하고, 잎의 흑사병에 조심해야 한다. 파종도 가능하나 포기나누기로 심되 11월과 3월에 땅을 파헤쳐 심으면, 4~5월의 만춘화단을 장식한다.
- **꽃빛** 주로 백색으로 대형의 녹색잎 사이에 방울방울 녹색줄기에 매달린다. 연도화색
- **키** 30~40cm
- **용도** 화단, 화분용. 유독식물로 취급에 조심.
- **참고** 방울꽃은 독일계 매저리스와 평지 야생하는 한·일계의 C. Keiskei가 있다.

백일홍(百日紅)
- **학명** Lagerstroemia indica(英·Garden Zinnia)
- **별명** 사르스베리
- **분류** 사르스베리속·낙엽중목 꽃나무
- **원산지** 중국 남부(동남아에 분종이 많다)
- **재배** 불한성·목종으로 종묘는 추위에 약하므로 동기에는 후레임에서 재배하고, 번식은 나무심기로 3월이나 7월이 적기이다. 정식은 4월 중순 이후에 행하고, 10월 이후는 추위 때문에 금지한다. 4월에 깻묵비료 등을 준다. 7월에서 10월 초순까지 1백일 동안 꽃이 핀다.
- **꽃빛** 주홍이 주이나, 백색종도 있다.
- **키** 3~6m, 밑둥가지가 여러 갈래이다.
- **용도** 정원목·공원수, 분재용은 재배에 주의.
- **꽃말** 웅변
- **참고** 특히, 한국 동해안지방에서 처녀가 용왕에 희생된 비련의 전설이 전해져 유명하다.

백합(百合)(1)
- **학명** Lilium longiflorum(英·White Trumpet Lily)
- **별명** 나팔백합꽃, 나리꽃
- **분류** 나리과 나리속·반내한성 구근 다년초
- **원산지** 온대북반구의 아열대에서 아한대지방까지. 한국, 중국, 일본이 주산지.
- **재배** 추위에는 강하나 하계의 건조와 고온은 싫어함이 특성. 재배에는 배수가 잘 되고 적당한 수분이 유지되는 부식질토양이 좋다. 화분심기에는 점질토와 적토도 무방하며, 깊이 심는 분구재배가 가장 쉽다. 9월 하순~10월 중순에 정식, 이듬해 5~6월에 개화함.
- **꽃빛** 순백색종으로 일정함.
- **키** 80~100cm(꽃높이)
- **용도** 화단, 화분, 꺾꽂이용
- **꽃말** 순결
- **참고** 나팔백합은 한국·일본이 원산이다.

백 합(百合)(2)
학명 Lilium specio'sum Thunb(英·Showy Lily)
별명 도깨비나리꽃(Lilium Linne)
분류 나리과 나리속·반내한성 구근 다년초
원산지 한국·일본원산이 서양으로 이식됨.
재배 재배는 나팔백합의 경우와 같으나 분구는 구근·밑뿌리로 가르지 않음. 잎은 햇볕을 쪼이나, 밑둥은 햇볕을 피하고 통풍이 잘 되는 곳이 좋다. 정식은 역시 15cm 정도로 화분채 깊이 묻는다. 2~3년을 적당히 돌보면 계속 잘 개화한다. 10월 중순에서 12월까지 정식. 이듬해 7~8월에 개화한다.
꽃빛 백색, 황색, 분홍, 진홍 점백이·얼룩이
키 1~1.5m
용도 화단, 꺾꽂이, 정원용
꽃말 순결, 장엄, 경솔함
참고 우리나라 산야에 많이 자생함.

버들개지
학명 Salix gracilistyla Mig.(英·Pussy Willow)
별명 버들강아지, 버들개치, 유서(柳絮)
분류 버들과 버들속·낙엽저목
원산지 한국, 일본, 중국 등
재배 이 버들강아지는 속명으로 더 알려져 있고, 우리나라 들판과 하천(河川)일대에 자생하는 식물이며, 일광이 좋은 습지면 생육이 좋다. 자생목을 이식하는 시기는 3월 개화 후의 3~4월이나 11월도 가능하다. 비료는 화성비료. 3월 상순에 전년지를 20~30cm로 잘라서 삽목함.
꽃빛 화수는 암수가 있음. 황색, 백색
키 1~2m(가지가 길고, 잎은 아래에 있음)
용도 마당심기, 분재, 생화의 곁들이기용
꽃말 자유
참고 중국명은 세주류(細柱柳)로, 뚝보호나, 땔감, 사방방지용 등 여러 모로 쓰임.

버 베 나(美女櫻)
학명 Verbena hortensis hort(英·Verbena)
분류 곰췸과 버베나속·춘추심기 1년초
원산지 중남미
재배 꽃모양이 벚꽃처럼 생겼다고 해서 미녀앵이라고도 부르며 많은 원예종이 개발되어 널리 화단이나 화분용 등으로 재배되고 있다. 재배는 일광, 통풍 배수가 잘 되는 곳이 좋고, 토성은 산성을 피하므로 화단에는 양회를 침. 발아온도 15~20℃로 봄·가을파종으로 묘상을 만듦. 가을심기가 보통이며, 봄에 정식한 것은 4~7월 사이에 꽃이 핌.
꽃빛 백색, 적색, 자색, 등색, 청색
키 췸과에 속한 사방 60cm, 키는 30cm
용도 화단, 록가든, 담장용, 화분용
꽃말 평화로움과 신속한 애정
참고 버베나는 고대 그리스시대부터 평화와 도전의 상징으로 인정된 화려한 꽃임.

벚 꽃(櫻花)
학명 Prunus serrulata(英·Cherry)
분류 벚꽃과 벚꽃속, 벚꽃아속·내한성 낙엽교목
원산지 북반구의 온대·난대에 널리 분포한다(한국, 중국, 일본).
재배 벚꽃은 교목 중에서 가장 화개가 뛰어나고, 꽃이 핀 후에 잎이 뒤이어 나서 잎꽃이라 한다. 한반도에서도 야생하는 꽃나무이다. 이 나무는 온화한 기후조건을 좋아하고, 재배는 낙엽 후, 봄의 새눈이 틀 때 접목심기를 하며, 기타는 교목재배의 통례에 따른다. 꽃은 4월 개화로 화기시기가 짧다.
꽃빛 백색, 분홍, 복숭아빛
용도 정원수, 공원수, 가로수, 분재용
꽃말 순결, 담백
참고 일본의 국화인 벚꽃은 산벚꽃이 주종이나 겹꽃, 타래꽃 등 수종이 다양하다.

베고니아
학명 Begonia spp.(英·Begonia)
분류 추해당과 베고니아속·불내한성 상록다년초(온실성화초)
원산지 오스트랄리아 이외의 열대·아열대
재배 이 야생종은 호주 이외의 온 세계의 열대·아열대지방에 분포하며, 약 2천종에 달함. 표고 1,500~3,000m의 고지대에서 겨울은 최저 7℃, 여름에는 30℃를 초과하지 않는 온화한 기후의 수림의 다습한 바위와 틈새에서 자생함. 원예종은 목립성, 근경성, 구근성의 3종으로 개량됨. 유기질의 토지에 응달의 약광선이 좋음.
꽃빛 진홍색, 분홍색, 백색, 황색
키 15~30cm(개화기가 11~5월인 겨울꽃)
용도 화단용, 테라리움용, 화분용, 조발용
꽃말 짝사랑, 친절
참고 겨울개화의 베고니아종 이외에 사철개화의 목립성종과 봄·가을 개화종도 있음.

벽 오 동(碧梧桐)
학명 Fimiana platanifolia(英·Sultan's parasol)
별명 Culhamia simplex, 청동(靑桐), 참오동
분류 벽오동과 벽오동속·낙엽고목
원산지 중국, 한국, 인도차이나, 대만
재배 이 벽오동은 600여 종이 세계에 분포하고 있는 오동과의 참오동이다. 한국에서는 일찍이 시조(時調)나 문장에 많이 사용되었음. 재배는 수성(樹性)이 강하고, 대기오염이나 소금기에도 강하다. 수피는 상하기 쉬우며, 싹눈의 힘이 강하고 전정에도 잘 견딘다. 잎이 톱니형이고 수피는 푸름. 6~7월에 가지 끝에 대형의 원추화서를 드리우며, 비료가 필요함.
꽃빛 담황색(암수의 꽃이 함께 핀다)
키 최고 15m
용도 정원목, 가로수, 건축·가구 및 제지용
참고 수피가 푸르므로 벽오동이라 칭함.

보리수(菩提樹)
학명 Tilia miqueliana Maxim(英·Lime-tree)
분류 보리수나무과 보리수나무속·낙엽고목
원산지 중국, 인도, 유럽
재배 이 보리수는 그 원산지에 따라 학명이 다른데, 전에는 Eleaeagnaceae과에 속하는 나무로 생각해 오다가, 근래에 Tilia과에 속하는 나무로 개정되었다. 쌍떡잎 이판화류(離瓣花類)에 속하는 호퇴자과(胡頹子科) 나무, 재배는 습기가 있는 비옥한 땅이 최적이며, 이식은 개엽 전인 3월경이 적기이다. 종자나 묘목번식도 가능함.
꽃빛 담황색(5판화로 암수의 꽃술이 있음)
키 3~5m(열매는 10~11월에 암갈색이 됨)
용도 정원목, 가로수용
꽃말 정열의 사랑(열매), 부부애(나무)
참고 Linden Baum은 유럽종이고, Bodhi drum은 인도종이다.

복 수 초(福壽草)
학명 Adonis amurensis(英·Amur Adonis)
별명 원단초(元旦草)
분류 아도니스속·가을심기 내한성 숙근초
원산지 동북아시아, 시베리아, 유럽
재배 복수초는 추위에 강한 다년초이며 해마다 포기가 큰다. 만춘에 시들고 이듬해 봄까지는 지하에서 자란다. 연중 다소 습기가 있으며, 겨울에서 봄까지는 양달에, 여름에는 낙엽수 밑이나 그늘진 곳이 적합하다. 포기나누기는 9~10월에 심어서, 2~3월에 개화한다. 다만 온실재배로 12월에 꽃이 피게 할 수 있다. 화분꽃은 꽃이 진 후에 화단에 심어도 좋다.
꽃빛 황색, 붉은 색이 가미된 황색
키 10~20cm
용도 화단용, 화분용
꽃말 행복을 부른다.
참고 화경이 4~5cm로 겹꽃이 핀다.

봉 선 화(鳳仙花)
학명 Impatiens balsamina
별명 금봉화(金鳳花)
분류 봉선화과 봉선화속·봄심기 1년초
원산지 동남아시아 각지
재배 봉선화는 고성종과 왜성종이 있으며, 가지가 갈라지며 꽃이 여러 개 핀다. 4~5월에 묘판에 종자를 심되 밀생하지 않도록 간격은 30cm 정도가 적당하며, 여름은 비교적 수분이 있는 곳이 좋고, 아주 그늘진 곳에서는 자라지 않는다. 과도한 건조는 피한다. 씨앗이 비산하기도 한다.
꽃빛 주홍색, 연분홍
키 고성종은 60cm, 왜성종은 25~40cm
용도 화단, 화분
꽃말 나에게 손대지 마세요.
참고 봉선화는 한국의 어느 가정의 뜰이나 울타리와 샘가에 흔히 자라는 귀여운 꽃이다.

부 들 풀(香蒲)
학명 Typha latifolia L.(英·Cattail)
분류 부들과 부들속·다년초
원산지 북반구 온대에 널리 분포.
재배 이 부들은 늪이나 못에 자생하는 수초로 총생한다. 줄기 끝의 긴 화수(花穗)에서 따낸 화분은 한약제로 포황(蒲黃)이라 하는 지혈약임. 재배는 일광이 좋은 습지에 다비를 요함. 흰 근경이 늪 속에서 1~2m로 자라서 원통상(圓筒狀)의 암수화수를 피우고, 암꽃은 익으면 솜처럼 된다. 수발(水鉢)심기로 하며, 길이가 40~50cm로 화수는 여름철에 핀다.
꽃빛 녹갈색
키 왜성종(40~150cm), 고성종(1~2m)
용도 못심기, 수발, 생화, 다화(茶花)용
참고 꽃감상용으로보다는 실용적인 면으로 화단 분위기를 위한 약초임. 어린 싹은 식용하며, 향포속(屬)으로도 부른다.

부 용(芙蓉)
학명 Hibiscus mutabilis(英·Mallow)
별명 목부용(木芙蓉)
분류 아욱과 부용속·반내한성 낙엽저목
원산지 중국, 한국, 일본
재배 일광이 좋은 곳과 산성토의 습지를 좋아한다. 화분심기에는 직경 30cm 이상은 대분에 심어야 하고, 봄에서 가을까지 마당에 묻었다가 겨울에 지상부를 잘라 실내에서 월동한다. 중부 이남에서는 자연상태로 마당심기를 해도 능히 월동한다. 꽃이 진 후에 씨앗이 날아가 봄(2~4월)에 마당가에 발아하여 7~9월에 꽃피기도 하는 하루살이 꽃나무이다.
꽃빛 백색, 분홍색, 복숭아빛
키 2~3m
용도 정원용, 공원수용, 꺾꽂이용
꽃말 섬세한 미
참고 동양의 시·서·화에 널리 애호됨.

부우겐빌레아
학명 Bougainvillea Comn(英·Paper-flower)
분류 분꽃과 덩굴속·덩굴성 꽃나무
원산지 남아메리카
재배 우리나라에는 분꽃과의 화초와 갈래꽃류가 2종 정도 재배되고 있으나, 이 부우겐빌레아는 이미 원예용으로 몇 종 개발되어 화분용과 담장용으로 이용되고 있다. 아열대산이나 추위에 강함. 재배는 일광이 좋은 지면에서 4~9월까지 육성하며, 비료를 요함. 화기는 한여름이며 옮겨심기는 4~9월까지 가능함. 겨울 방한은 필요하나 방서는 필요 없음. 실내월동이 가능하며 화분종이 발달함.
꽃빛 분홍색, 등색, 백색, 분홍색, 주황색
키 화분용(50cm 안팎), 덩굴성(1~3m)
용도 담장용, 화단용, 화분용
참고 홑꽃과 겹꽃이 있고, 주종은 B. 스페크타비리스이며, 화려한 다화종이다.

부채창포(檜扇菖蒲)
학명 Iris setosa Pall.(英·Iris var)
분류 붓꽃과 붓꽃속·불내한성 다년초
원산지 한국, 중국, 일본, 시베리아
재배 꽃창포와 같은 붓꽃속인데 창포보다 그 꽃이 미인의 부채 같다고 해서 부채창포로 불리우나 우리나라에선 혼동해서 부른다. 재배는 고원의 습지나 북녘 습지에 자생하지만 원예종으로 재배하면 붓꽃 중의 최고급품이다. 일광과 다비를 요하며, 종자와 포기나누기로 번식시킨다. 근경은 굵고 삐뚜룩하며, 잎은 칼날같이 호생하나, 밑뿌리는 붙어 있음. 초하에 꽃포엽의 가지에서 청자색의 꽃이 피고. 꽃이 화주에서 양쪽으로 갈라짐.
꽃빛 화판은 자색(암수가 있음)
키 30~70cm(꽃이 지면 열매가 맺힘)
용도 정원, 화분, 못가에 심음.
참고 원예종은 30cm 정도로 키움.

붓 꽃
학명 Iris nertschinskia(英·Iris)
분류 붓꽃과 붓꽃속·내한성 구근 다년초
원산지 시베리아, 한국, 북미, 중유럽
재배 일명 연자화(燕子花)라 칭한다. 재배에는 만춘·초하·가을심기 등의 차이로 개화도 삼계절꽃을 보인다. 번식은 포기나누기로 하지만 구근에는 근경(根莖), 인경(鱗莖)의 구별이 있으므로 선택에 주의해야 함. 포기뿌리는 강인하고 비옥한 토지에서 잘 생장하지만 과도한 습기는 해롭다. 개화는 4월에서 10월까지 가능.
꽃빛 보라색, 백색, 황색, 핑크
키 30~80cm
용도 화단, 화분, 꺾꽂이, 공원용
꽃말 희소식
참고 붓꽃은 본래 야생의 군락종이나 잎이 칼모양으로 많고 꽃줄기 하나에 하나의 꽃으로 대량 군생(群生)한다.

비쭈기나무(神木)
학명 Cleyera japonica Thunb.
분류 동백꽃과 비쭈기나무속·상록고목
원산지 한국 남부(제주도), 일본, 중국, 대만
재배 이 비쭈기나무는 옛날 한국의 샤머니즘에서 신목(神木)으로 쓴 뒤, 일본에 전래되어 신사(神社)의 제의를 할 때 역시 신목으로 신전에 가지를 바치거나, 발양(拔禳)을 할 때 쓴 것으로 유명하다. 재배는 음수(陰樹)이기 때문에 응달에서도 자라며, 다소 습하고 비옥한 토질이 좋다. 번식은 종자와 삽목으로 하며 잎은 호생하며, 6~7월에 잎뿌리에서 5판화가 핀다. 11~12월에 흑색열매가 익는다.
꽃빛 담황색. 잎은 심녹색(7~10cm)
키 8~15m
용도 정원목, 공원목, 신사의 경내용
꽃말 신성함
참고 고목이 주로이나 중목도 있음.

사르비아
학명 Salvia splendens Sello(英·Salvia)
분류 차조기과 차조기속·봄심기 1년초
원산지 브라질
재배 사르비아는 그 원산지에서 미국으로 건너가서 많은 개량종이 나와 있다. 우리나라에서도 사르비아는 시골 농촌에까지 널리 재배되어, 그 집단미가 애호되고 있다. 재배는 일광과 배수가 잘 되는 곳이면 좋고, 비료는 부엽토를 화성비료와 적당히 섞어 주면 됨. 다만 건조를 극히 싫어하므로 수시로 관수한다. 3~4월에 파종하되 묘상관리를 함. 개화기는 7~9월이며, 잡초제거를 해야 함. 열매가 종자임
꽃빛 줄기 끝에 총채형의 붉은 꽃이 핌. 변종의 경우는 백색, 홍도색, 자색도 있음.
키 30cm~1m(왜성종은 50cm 안팎)
용도 화단용, 화분용, 프란타심기용
참고 붉은 색만 심으나 혼색재배가 좋다.

사 프 란
학명 Crocus sativus L.(英·Saffron)
분류 붓꽃과 사프란속·가을심기 구근초
원산지 남유럽, 소아시아
재배 이 사프란은 일찍 지중해의 크레타문명의 번영기(BC 15세기경)때 유물인 항아리의 그림무늬에서 보인다고 해서 유명하다. 그 이유는 약용, 향료, 염료에 사용되었기 때문. 재배는 일광과 유기질이 많은 땅에 9월 말경 충분히 시비를 한 화단과 화분에 구근을 심되 썩지 않도록 인산과 칼리비료를 준다. 11월에서 초동에 걸쳐 한 구근에서 1~6륜의 꽃이 핌. 세 개의 암꽃술이 약용, 향료, 염료로 쓰임.
꽃빛 담자색(淡紫色·1色). 꽃술은 핑크
키 15~20cm(화단), 20cm 이상(화분)
용도 화단, 화분, 물재배의 원예용, 그 밖에 건조시킨 꽃씨는 향신료용, 약용 등
꽃말 즐거움, 기쁨 속의 불안

산 수 유(山茱萸)
학명 Cornus officinalis Siep. et Zucc.
분류 수목과(水木科) 수목속·낙엽저목, 고목, 화수
원산지 한국, 중국
재배 이 산수유나무는 우리나라 산지에서 흔히 볼 수 있으며, 황금색꽃은 봄(3~4월)에 피고, 빨간 열매는 가을에 영그는 수종이다. 재배는 내한성으로 강하여 유기질 토질이면 좋으나 그늘이 지면 좋지 않다. 전정은 2~3월. 잎나기에 앞서 하고, 묘목의 이식은 10~11월이나, 2~3월 사이가 좋다. 꽃은 네 개로서 직경이 4~5mm이며, 소화가 20~30개씩 모여서 핀다. 열매는 식용으로 사용한다.
꽃빛 황금색
키 5~12m
용도 정원·공원용 수목, 분재용, 생화재료용
꽃말 지구력, 인내

살 구 꽃(杏花)
학명 Prunus armeniaca L.(英·Apricot)
분류 장미과 벚꽃속·과수화목(果樹花木)
원산지 중국 북부
재배 살구나무는 그 꽃과 열매가 다 환영받는 중·고목성의 과수화목으로 B.C. 1세기 전부터 중국에서 종자의 약용과 꽃에 관한 기록이 있다. 한국에서도 살구는 널리 시골의 냉량한 공기와 건조한 지대에서 재배된다. 경토가 깊고 비옥하며 배수가 잘 되는 토질이 적합함. 묘목은 씨앗(완숙과)을 흙 속에 파종한 후 8~9월경 싹눈을 접합하거나, 익춘에 절접(切接)을 시킨다. 묘목은 75cm 지상에 절단함. 잎눈을 끼고 꽃눈이 초춘에 개화.
꽃빛 벚꽃과 흡사한 백색에 황색 꽃술
키 4~10m(분재용은 60~70cm)
용도 정원목, 열매의 식용, 과실주, 약용
참고 과일수확은 6~7월

석 골 풀
학명 Dendrobium monilifome
별명 석곡초(石斛草·花)
분류 난초과 석골초속·상록 숙근 다년초
원산지 중국, 한국, 일본에 분포함.
재배 건조한 곳이 좋고 포기나누기로 번식한다. 이 석골풀은 노목의 가지나 바위 위에 착생하는 상록의 다년생이며 줄기가 알몸으로 보인다. 화분재배의 경우 오전중에는 볕을 쪼이고, 물이 마른 상태에서 관수를 하며, 건성(乾性)으로 재배함. 용토는 산모래나 목탄조각 등으로 심어도 되고 비료는 하이포넥스를 엷게 자주 시비한다. 1~3월에 개화.
꽃빛 백색, 핑크, 적색
키 30~40cm(줄기 20cm 정도)
용도 화분심기, 기생(바위·록가든)심기용
참고 석골풀은 개화하기에 앞서 마른 것은 건위제, 강장제로 쓰인다.

석 남 화(石楠花)
학명 Rhododendron spp.(英·Rhododendron)
분류 철쭉과 철쭉속·상록광엽화수
원산지 히말라야, 동북아시아, 북미주 등
재배 이 석남화는 중국 남부에서 버어마, 티베트 등지에서 자생해온 야생식물이나, 지금은 유럽 동부에서 미주 동부까지 분포된 화목으로 한국에선 정원수로 많이 이용된다. 철쭉과 혼동되고 있으나, 상록의 잎이 길고 주걱처럼 생겨 두텁고 광택이 있으며, 꽃과 나무가 큰 것을 석남이라 한다. 재배에는 특히 공중습기와 온도가 높아야 하며, 건조는 금물이다. 여름더위는 싫어하나 추위에 강함.
꽃빛 품종에 따라 홍색, 백색, 황색 등
키 1m 내외. 개화기는 철쭉과 같음.
용도 정원, 화분, 공원용
참고 아볼리움은 네팔의 국화

석 류(石榴)
학명 Punica granatum L.(英·Pomegranate)
분류 석류과 석류속·낙엽 과수 화목
원산지 이란, 아프가니스탄, 파키스탄
재배 이 석류나무는 열매와 꽃이 이미 동양의 정원목으로 일찍부터 생활정서와 문화면에서 많은 화제가 되어 왔다. 야생과수에서 재배용으로 중동에서 동부아시아에 이식되었다. 일광, 배수, 통풍이 잘 되는 곳이 좋고, 15~25℃ 온도의 유지가 필요하며 마당심기는 4~5월에 하고 겨울엔 건조한 퇴비를 한다. 화분종은 4월에 정식하고 6월에 개화하며 11월에 결실한다. 화분심기는 왜성종이다
꽃빛 꽃·열매는 적색종. 백색종은 수정(水晶)이라 칭함. 비색(緋色)종도 있음.
키 30~40cm(왜성), 3~4m
용도 정원목, 화분용, 분재용, 식용(열매)
꽃말 원숙한 미, 자손의 보호

석 산 꽃(石蒜花)
학명 Lycoris radiata Herb.(Stone-Garlic F.)
별명 만주사화(曼珠沙華), 유령화(幽靈花)
분류 나리(석산)과 석산속·구근 다년초
원산지 한국, 중국, 일본 등에 분포함.
재배 애초에 중국에서 마늘 같은 인경(鱗莖)을 석산이라 했으며, 약제로 쓰거나 물에 씻어 식용 등으로 사용함이 명칭과 용도의 유래가 되었다. 재배는 일광과 많은 비료를 필요로 하고 우리나라에서도 뚝이나 밭주변에 많이 야생하며, 지하의 인경에서 9월경 30~60cm의 비늘 줄기가 자라고, 그 끝에 꽃이 핀다.
꽃빛 주홍, 백색
키 30~60cm(꽃대가 강하다)
용도 정원용, 생화재료용, 묘역 등 특수용
꽃말 슬픈 추억
참고 석산은 본래 나리과에 속한 독초였으나 많은 유종이 있어 석산과로 나뉘어짐.

선 인 장(仙人掌)
학명 Cactaceae(英·Prickly pea·Cactus)
별명 사보덴, 패왕수(覇王樹)
분류 사보덴과 사보덴속·다육식물
원산지 남북아메리카 및 주변제도
재배 원산지역의 저지해안에서 4,000m 표고의 고산까지 자생한다. 고온다습의 열대다우량지대산이므로 일조는 40℃ 온도까지, 밤에는 0℃ 정도까지 장시간 유지해야 하며, 겨울에도 하루 4시간은 햇볕에 쪼여야 한다. 과비료는 해롭고 성장이 느리다.
꽃빛 품종에 따라 가지각색이다.
키 5cm에서 4~5m까지
용도 온실, 실내화분, 테라리움 및 식용
꽃말 풍자, 수줍은 처녀
참고 선인장은 목엽(木葉)사보텐·부채꼴사보텐·기둥사보텐 및 구형(球形)사보텐과로 대별되고, 다시 수십종의 아속(亞屬)이 있다.

황상환(黃裳丸) 프세도로비아속

스루 그레프치아속 선인장

금옹옥(錦翁玉) 파로니아속

명성화(明星花) 마미라리아속

월궁전(月宮殿) 마미로프시스속

꽃 사전 23

소 철(蘇鐵)

학명 Cycas revoluta Thunb(英·Cycad plant)
분류 소철과 소철속·상록저목, 고목
원산지 일본 구주·오끼나와, 중국 남부
재배 난지의 건조한 곳을 좋아하고 습지를 싫어함. 대기오염이나 바닷 바람에는 강하나 내한성은 약함. 번식은 4~5월에 파종, 이식은 5~9월까지 굵은 원주상(円柱狀)의 줄기 정상부에서 대형의 날개모양의 녹색겹잎이 선형으로 자란다. 꽃은 6~8월에 줄기 정상부에 피며, 수꽃과 암꽃이 있고 수꽃은 50~70cm, 지름 10~15cm의 원주상으로 핌. 일광이 좋고 북풍이 불지 않는 곳에 둠. 비료를 뿌리 밑에 묻는다. 초하에 새잎이 나면 고엽을 자름.
꽃빛 황갈색(꽃포 속에 씨앗과 심이 있음)
키 4~10m
용도 정원, 공원용, 화분용, 줄기에서 전분을 취하고 식용도 함.

수 국 화(水菊花)

학명 Hydrangea macrophylla ser(英·Hydrangea)
별명 자양화(紫陽花)
분류 설화과(雪下科) 수국속·낙엽저목
원산지 한국, 일본
재배 수국은 그 주종이 산수국. 넌출수국 등의 쌍떡잎 갈래꽃나무에 속하며 주로 담청자색이나 변종이 많고, 서양종 수국도 있다. 재배는 건조하거나 척박한 곳은 피하고, 다소 습기와 그늘이 있고 비옥한 토질이 좋다. 8월에 묘목꽂이를 하면 1개월 후에 뿌리가 나온다. 겨울에 5~8℃로 온도를 유지해 주면 5~6월에 개화함.
꽃빛 담청자색이 주. 주황, 보라, 백색
키 1m 안팎(줄기갈래가 많고, 꽃봉이 크고 다화종으로 군락을 이룸)
용도 정원, 화분심기, 생화용 등
꽃말 냉담

수 련(睡蓮)

학명 Nymphaea odorata(英·Water Lily, Nymphea)
별명 수련(水蓮)
분류 수련과 수련속·내한성 숙근, 다년초
원산지 세계의 열대·온대·한대, 나일강유역
재배 꽃심기는 4월이 적기이나, 5월까지 심으면 7~9월까지 핀다. 물화분이나 상자는 5·6호 크기. 깻묵을 넉넉히 주며 물화분의 수분과 수온은 높은 것이 좋다. 꽃눈에서 위로 5~10cm의 수심과 꽃눈에서 3cm 이하의 긴 근경은 잘라버리며, 물화분의 경우는 작은 흙화분에 구근을 심어서 넣고, 꽃이 피었을 때의 꽃잎과 흙화분 사이는 15~20cm 정도로 한다.
꽃빛 적색, 백색, 황색, 핑크
키 물 위를 기준으로 10~15cm
용도 연못, 화분용, 꺾꽂이용
꽃말 청순한 마음

수 선 화(水仙花)

학명 Narcissus tazetta var.(英·Tazetta)
별명 설중화(雪中花)
분류 석산과 수선화속·내한성 구근초
원산지 중국
재배 수선화의 품종 중에서 이 Tazetta계통은 주종이 아니고 중국계 원산의 변종이다. 주종은 나팔수선화이므로 재배법도 그것과 같다. (※참조 나팔수선화)
꽃빛 황색, 백색(중심은 핑크, 오렌지색)
키 30~40cm
용도 화분, 화단, 꺾꽂이용
꽃말 자기도취
참고 이 타제타계의 수선화는 폴리안서스 수선화(多花水仙花)종으로 알려져 그 꽃이 여러 개로 한층 화사하게 보인다. 이 타제타계는 중국원산의 변종으로 한국, 일본에서는 설중화로 알려져 문학·예술에 인용되고 있다.

수세미꽃

학명 Luffa cylindrica Roem.(英·Snake Gourd)
분류 오이과 수세미속·덩굴성 1년초
원산지 열대아시아
재배 우리나라 남부의 가정 정원에서 흔히 보는 여름철의 풍취를 돋우는 식물이다. 수세미는 열매의 섬유질과 줄기의 액체, 그리고 어린 열매는 식용으로 하는 등 그 용도도 다양하다. 재배는 보통의 마'토질이나 밭에서도 잘 자라며, 줄기덩굴성이므로 담장에 걸치거나 기둥을 세워서 장을 만들어 관상용으로도 함. 씨앗은 물에 담궈 두었다가 3~4월에 심음.
꽃빛 수세미의 꽃은 황색. 수꽃은 총집함.
키 수세미의 크기(40~50cm), 줄기(5~6m)
용도 수세미 수액은 한여름에 1m 정도의 높이에서 줄기를 자르고, 땅쪽에 병을 두고 물방울을 모은다. 화장수로 유명.

수 유(茱萸)

학명 Elaeagnus spp.(英·Evodia Danielii)
분류 수유과 수유속·낙엽저목, 과수
원산지 한국, 일본, 중국
재배 감상용으로 동북아의 농촌지대에 자생하는 과수로, 특히 열매의 약용으로도 유명하며 근래는 분재용으로 개발되고 있다. 재배는 다소 건조한 모래질 토양에 적합하고, 번식은 뿌리심기, 접목, 묘목나누기로 쉽게 심는다. 봄심기가 가장 좋다. 4~5월에 개화하고 6~7월경에 은백색의 반점이 있는 열매가 익는 품종이 여름수유이며, 봄·가을에 열매가 익는 품종과 덩굴종, 둥근잎종이 있음.
꽃빛 황색, 열매는 녹색에서 홍색이 됨.
키 2m 안팎, 분재는 50cm 안팎
용도 생식(열매), 과실주, 약용(기침·설사), 정원목, 분재용, 감상목
참고 열매는 10~11월 개화, 3~4월 홍숙

스노우 드롭
- **학명** Galanthus L.(英·Snow-Drop)
- **별명** 설중화(雪中花)
- **분류** 석산과 갈랜투스속·내한성 구근초
- **원산지** 유럽 남부, 코카서스지방
- **재배** 재배는 9~10월에 반응달에 구근을 심는다. 구근은 건조저장을 싫어하니 그대로 지하에 둔다. 원예 화분심기에는 늦봄에 잎이 져도 휴면시킨 채 가끔 관수만 한다. 분구(分球)는 늦여름에 하되 빨리 심어야 함. 두 잎이 한 꽃봉오리를 보듬고 있다가 2월경 램프와 같은 꽃을 피움.
- **꽃빛** 순백색(줄기와 잎은 진초록)
- **키** 대체로 5~10cm, 봉오리 2cm
- **용도** 화단용, 화분심기용, 정원밑꽃용,
- **꽃말** 희망, 위안, 어려울 때 친구
- **참고** 유럽 남부의 코카서스 일대에 겨울의 정취를 돋보이게 하는 꽃으로 18종이 주종이다.

스노우플레이크
- **학명** Leucojum aestivnm(英·Snowflake)
- **분류** 스노우플레이크속·Summer S.와 Autumn S.의 봄꽃종과 가을꽃종의 두 종이 있다. 구근초
- **원산지** 포르투갈, 모로코, 지중해 연안
- **재배** 배수가 잘 되는 양달이나 반양달의 건조지에서 잘 자란다. 구근은 2~3년 만에 파내어 다시 심어도 좋다. 깊이 10cm, 10×10cm로 정식, 화학비료를 주는 정도로 잘 자라며 잔디풀과 함께 자란다. 봄꽃종은 8~11월에 정식, 3~4월에 개화한다. 가을종은 5월중에 잎이 지면 단수하고 이슬을 패 옮겨 놓았다가 8월에 관수하여 옮겨 심고, 9월 하순~10월에 개화.
- **꽃빛** 봄꽃은 백색에 녹색 반점, 흰 바탕에 도화빛
- **키** 봄꽃종은 30~40cm, 가을꽃종은 15cm
- **용도** 화단, 화분, 꺾꽂이용

스위트 피이
- **학명** Lathyrus odoratus(英·Sweet pea)
- **별명** 사향완두(麝香豌豆)
- **분류** 콩과 사향연리초(連理草)속·내한성, 가을심기, 1년초
- **원산지** 이탈리아의 시실리섬
- **재배** 양달의 건조한 알칼리성 땅이 적합하며, 파종은 9~10월중이 적기이다. 수분을 조절하되 습기를 너무 배제해도 안 좋다. 밭작과 온실재배도 좋으나, 석회토로 만든 다음에 종자는 경실(硬實)인가 아닌가 잘 골라야 한다. 이듬해 4~5월에 개화하는 봄꽃이다.
- **꽃빛** 적색, 핑크, 보라색, 청색
- **키** 왜성종 30~60cm, 고성종 1~2m
- **용도** 화단, 꺾꽂이, 화분, 향료용.
- **꽃말** 미묘한 비련, 나를 추억하세요.
- **참고** 학명인 오도라투수는 향기가 높다는 뜻이며 콩과로서 사향종에 속한다.

스타티스
- **학명** Limonium Mill(英·Startis)
- **분류** 해빈송과 해빈송속·숙근 1년초, 다년초
- **원산지** 지중해 연안, 시실리섬
- **재배** 이 스타티스는 그 학명상으로 해빈송과에 속하나, 다양한 색깔과 맨드라미와 비슷한 꽃모양이 원예용으로 애용되는 화초이다. 재배는 일광과 배수가 잘 되는 토지이면 되고, 초봄을 알리는 꽃이라고 하나 추위에는 약하다. 숙근초로 가스뻬아니, 뻬데지 등 최근에 애용되는 품종이며, 1년초는 가을심기를 하되 씨가 적어서 꽃채 딴다. 씨앗으로 꽃의 색깔 구별이 되며, 초하에 꺾꽂이한다.
- **꽃빛** 황색, 주홍색, 백색, 군청색
- **키** 왜성 30cm, 고성 50~60cm
- **용도** 화단 대량재배, 바구니꽃용, 꺾꽂이 등
- **꽃말** 영원불변
- **참고** 바구니에 꺾꽂이로 담아 감상한다.

시네라리아
- **학명** Senecio cruentus DC.(英·Cineraria)
- **분류** 국화과 세네시오속·가을심기 1년초
- **원산지** 북아메리카, 카나리아제도
- **재배** 이 꽃의 바른 명칭은 세네시오이며, 세계적으로는 서독을 제하고 시네라리아로 통하고 있으나, 꽃집에서는 사이네리아로 부르기도 하며, 시크라맨, 프리뮬러와 함께 원예꽃으로 유명하다. 재배는 일광과 배수가 잘 되는 땅이 좋으나 불내한성으로 유기질비료의 다비를 요함. 파종은 9월 상·중순이 좋고, 발아할 때까지 관수를 해야 하며 18℃가 적온. 초봄에 육묘 후 정상이면 30~40일에 잎이 난 후 개화함.
- **꽃빛** 청색, 핑크, 도화홍색, 진홍색, 혼색 등
- **키** 30~50cm(화경 6~8cm의 대륜)
- **용도** 화분, 프란타심기
- **꽃말** 쾌활
- **참고** 3월 개화종도 있음.

시크라멘
- **학명** Cyclamen persicum Mill(英·Cyclamen)
- **분류** 앵초과 시크라멘속·구근 다년초
- **원산지** 지중해 동북부 연안
- **재배** 시크라멘은 삼림지대 원산으로 약초로 쓰다가 1659년에 재배종이 되었다. 더위는 싫어하나 추위에는 강한 편이어서 얼지 않을 정도로 하여 실내 온도차가 없는 곳이 좋다. 9월 중·하순에 구근을 잘라 심고, 11월부터 실내나 온실로 옮김. 개화는 1월부터 한다. 물재배, 바위화단재배는 한지(寒地) 이외에는 가능하다. 한 포기에 많은 떡잎과 꽃줄기가 나와서 2~3회 정도 개화하며, 꽃봉오리가 한목에 많이 핀다.
- **꽃빛** 진홍색, 분홍색, 백색(개량품종이 많음)
- **키** 20~40cm
- **용도** 화분, 프란타심기, 평지, 꺾꽂이용
- **꽃말** 수줍음, 지나간 기쁨
- **참고** 꽃잎도 꽃처럼 예쁘고, 꽃포기도 많다.

신갈나무
- **학명** Quercus dentata Thunb
- **별명** 곡수(槲樹), 백수(柏樹)
- **분류** 너도밤나무과·내한성 낙엽고목
- **원산지** 동아시아에 분포함.
- **재배** 산지에 자생하는 고성목으로 양지 바른 곳에 자라며 내한성이다. 양수(陽樹)라고 하여 추위, 바람, 건조, 불에도 강하다. 이식은 어렵고, 가지끝에 달린 10cm 정도의 열매술의 종자가 발아하여 번식한다. 활엽의 크기는 10∼30cm이다. 분재재배는 3∼4월에 뿌리와 밑둥을 잘 가꾸어 계분, 깻묵 등 비료를 주어서 50cm 정도의 높이로 키운다. 잎이 달걀형이며 톱니상이 특색이다.
- **키** 낙엽고목(10m 정도), 수피는 회갈색
- **용도** 목재용과 공원목 및 분재용
- **참고** 한국의 산지에는 어디서나 흔하게 자생하며, 떡갈나무로 오해되고 있다.

실라
- **학명** Scilla L.(英·Scilla)
- **분류** 백합과 실라속·내한성, 가을심기, 구근초
- **원산지** 유럽, 아프리카, 아시아
- **재배** 이 꽃은 수선화를 닮았으며, 유럽 원산이나 원예종으로 개량되어 애용되고 있다. 꽃 모양과 색깔이 가지각색이며, 잎은 침상, 칼모양이다. 재배는 내한성이 강한 구근으로, 9∼10월경에 일광과 배수가 좋은 곳에 심는다. 이듬해 3∼5월에 개화하고, 3년째 그대로 두면 훌륭한 군생을 함. 품종은 왜성(10cm)의 경우 초롱꽃 모양으로 피고, 고성종(60cm)도 있다. 꽃줄기 갈래가 많아 로제트형도 있음.
- **꽃빛** 연보라색, 연분홍색, 담자색, 백색
- **키** 왜성(10cm), 중성(30∼40cm) 등
- **용도** 화단, 화분, 물재배
- **참고** 구근은 식용으로도 쓰임.

싸리꽃
- **학명** Lespedeza bicolor var.(英·Bush clover)
- **분류** 콩과 싸리속·낙엽관목
- **원산지** 한반도, 일본 전토
- **재배** 향일성의 비옥한 땅을 좋아하는데 척박한 건조지에서도 잘 자란다. 한반도에서는 산야의 어디서나 보게 되며, 군생하여 낙엽 후에는 그 줄기가지로 빗자루나 지게의 밭채 등 공예품으로도 쓰인다. 그러나 싸리꽃은 잎과 가지목에 여러 개 총생하여 풍취도 있고, 벌꿀의 채취대상도 된다. 가을이 화기임.
- **꽃빛** 홍자색, 백색, 담자백색 등
- **키** 1∼3m(줄기가 번성함)
- **용도** 공원수용, 정원목용, 분재용 및 담장용, 사방용이나 가축의 사료 및 울타리용
- **꽃말** 사색(思索)
- **참고** 싸리는 야생초목으로 흔히 천대하지만 그 용도와 가을꽃으로 인기가 있다.

아나나스類
- **학명** Bromeliaceae(英·Ananas Bromelia)
- **분류** 파인애플과 각속·관엽식물
- **원산지** 남아메리카, 멕시코 일대에 분포
- **재배** 약 50속, 1,500종이 중남미에 자생하고 있다. 이 다육식물은 나무와 바위의 착생종과 지생종이 있으나, 관상용은 거의가 착생종이다. 지생종은 파인애플과 용설란 등이 있다. 재배는 20∼25℃만 유지되면 일년 내내 생육된다. 비료는 골분·기름찌꺼기 등을 주고 액체비료를 잎 위에 뿌린다. 파인애플 종류는 꽃이 피나, 화수(花穗)와 잎이 관상대상 이다.
- **꽃빛** 품종에 따라 홍색, 남색, 백색 등
- **키** 50cm∼2m까지 다양하다.
- **용도** 화분용, 테라리움용, 식용
- **꽃말** 당신은 완전합니다.
- **참고** A. 화시아타, V. 프리시아, B. 스탄스, B. 구즈마니퓌카 등 가지각색이다.

아네모네
- **학명** Anemone coronaria(英·Garden Anemone)
- **분류** 제비과 아네모네속·내한성 구근초 다년생
- **원산지** 지중해안
- **재배** 화초 구근임으로 고온기기에 심으면 토질관리에 조심하여 썩지 않도록 한다. 일광을 충분히 쪼이고, 관수에 조심한다. 10월 하순 15℃ 이하의 온도일 때, 습토(濕土)보다는 사토(砂土)에 구근을 나란히 심고, 복토는 3cm 정도로 할 것. 초봄에 잎이 나온 후 3∼5월에 개화한다. 야외재배와 온실재배에는 온도조절을 요한다.
- **꽃빛** 붉은 색, 백색, 보라색, 도화색
- **키** 20∼40cm
- **용도** 화단, 화분, 꺾꽃이용
- **꽃말** 덧없는 사랑, 기대감

아르메리아
- **학명** Armeria Willd(英·Sea Pink)
- **분류** 패랭이꽃과 아르메리아속·내한성 다년초
- **원산지** 중부유럽, 북미주
- **재배** 우리나라의 패랭이꽃과 유사한 품종이며 Limonium속으로도 본다. 재배종으로는 A. 부루가리스. A. 라티폴리아 등이 있다. 재배는 고온다습을 싫어하며 배수와 일조가 좋은 곳에 자라며, 추위에 강하고 눈속에서도 자람. 화기는 3∼4월과 5∼6월. 봉오리가 나온 후 화단에 정식하며, 화분의 경우도 같다. 구근화초이므로 구근심기도 하며, 가지눈심기도 함.
- **꽃빛** 홍색, 백색, 황색, 분홍색
- **키** 10∼20cm(풀포기꽃이다)
- **용도** 화단둘레, 화분, 록가든, 꺾꽃이용
- **꽃말** 선심 쓰다, 염려해 준다.
- **참고** 화잠화라고도 함.

아마릴리스
학명 Hippeastrum Herb(英·Amaryllis)
분류 나리과 히페아스드럼속·봄심기, 구근초
원산지 남아메리카(멕시코, 칠레)
재배 아마릴리스는 꺾꽂이와 화단용의 재래종과 화분용의 대륜종 루도빗히계, 그리고 이 양자의 혼종인 그라시리스계의 3종이 주다. 배수와 관수에 주의. 다비(多肥)를 한다. 분구(分球)로 번식시킨다. 겨울저장은 3~5℃에서 하고 구근의 발아부분에 비닐을 씌워 땅에 묻어 월동한다. 3~4월에 정식하고, 5~6월에 개화하여 만춘과 초하의 정원을 장식한다.
꽃빛 주황색, 적색, 봉숭아빛, 진홍빛
키 30~60cm
용도 화단, 화분, 공원, 꺾꽂이용
꽃말 수다쟁이
참고 우리나라에서도 온실재배 등으로 대륜이 환영받고 있다.

아스파라거스
학명 Asparagus officinalis(英·Asparagus)
별명 오피키나리스
분류 나리과 채소속·다년생 야채
원산지 남유럽, 소련 남부
재배 아스파라거스는 식용 및 약용의 채소종으로 그 뿌리와 순이 이뇨제와 진정제로 고대부터 사용해 왔다. 재배에는 배수와 통풍이 잘 되는 토질의 밭이 적합하며, 산성토질은 싫어한다. 1~2년 육묘한 것을 봄에 새눈이 돋기 전이나 가을 낙엽 후에 정식하면, 3년 후에 수확할 수 있다. 10년간 계속 수확하면 초하에 백녹색의 꽃이 피고, 암·수포기 중에서 수포기의 줄기에 빨간 열매가 열린다.
키 1.5m 정도, 화분용의 침엽종은 30~40cm
용도 화분용은 침엽감상, 초록순은 식용, 뿌리는 약용(※ 아스파라거스는 150종이 있으나, 본종만 쓴다.)

아펠란드라
학명 Aphelandra spuarrosa(英·Aphelandra)
분류 금엽목(金葉木)속·불내한성 상록 저목
원산지 멕시코, 브라질 등의 열대, 아열대
재배 여름의 강한 햇빛 이외에는 일조가 있어야 한다. 광선량과 고온조작으로 일년 내내 개화시킬 수 있다. 월동온도 5~8℃, 4~6월 정식, 7~9월 개화가 본성이나 온실재배로 개화기 조절이 가능하여 겨울에도 감상 가능함. 꽃이 오래 가고, 여름은 응달재배를 한다. 생육기에는 하이포넥스 등의 비료를 넉넉히 주어야 하고, 관수조절과 통풍관리도 잘 해야 한다.
꽃빛 진한 황색. 잎에는 황색의 줄무늬
키 20~30cm 정도
용도 화분심기용
참고 일명 금엽목(金葉木)이라고 우리나라에 소개되고 있으며, 그 주종은 브라질원산의 A. 스쿠아로사·레온폴디 등 3·4종이 있다.

안 개 꽃
학명 Gypsophila elegans Bieb(英·동명)
별종 G. paniculata(유럽산)
분류 패랭이꽃과 지브소피라속·가을심기 다년초
원산지 유럽, 아시아, 북아프리카
재배 추위에 강하고 일광과 배수가 잘되는 곳, 다소 건조한 모래질토양이 적합함. 특히 석회질 토지를 좋아하므로 석회비료를 주어야 한다. 종자는 기온이 너무 높아도, 낮아도 안 되며 9월 중·하순에 묘상에 직접 뿌린다. 꽃은 이듬해 4~5월 중순에 개화함. 묘상종은 1~2회 이식한 후 11월에 화단에 정식하고, 병충해와 바람방지를 요함.
꽃빛 안개빛
키 30~60cm(품종에 따라 1년초의 경우는 코스모스만한 흰꽃, 분홍꽃을 피운다.)
용도 꺾꽂이의 첨화용, 화단, 화분용

안 스 륨
학명 Anthurium scherzerianum Scott(英·A. Flamingo)
분류 토란과 안스륨속·숙근 다년초
원산지 열대아메리카
재배 고온이라야 꽃이 핌. 약광(弱光)을 좋아하므로 형광등을 이용, 온실재배로 연중 꽃을 볼 수 있다. 다습지를 좋아하지만 배수를 잘 해야 한다. 월동온도 7~8℃, 10℃ 이상이면 연중 개화. 사진에서 보는 붉은 꽃모양은 포(苞)라는 것이며 꽃이 아님. 깻묵, 하이포넥스 등 혼합해서 시비해야 함. 꽃은 붉은 포 위에 솟은 꼬리모양의 육수화서(肉穗花序)이다.
꽃빛 적색, 핑크, 백색
키 60cm~1m
용도 여름철의 분재용, 꺾꽂이용
참고 중남미 일대의 열대식물로 잎이 커서 5~7월에 이식한 후의 여름개화가 환영받음.

알 로 에 (蘆薈)
학명 Aloe L.(英·Aloe)
분류 나리과 알로에속·다육식물
원산지 남아프리카, 열대아프리카
재배 이 알로에는 열대의 다육식물로 원산지에서는 높이 10~20m의 거목에 나리꽃류의 꽃이 피는 품종과 로제트형의 잎이 칼이나 떡잎형으로 자라는 높이 10~50cm의 품종이 있으며, 꽃줄기는 잎새 사이에서 길게 치솟고, 총채 같은 꽃이 핌. 재배는 건조와 다습에는 강하지만 추위에는 약하므로 겨울재배는 기온조절에 유의해야 함. 번식은 포기나누기와 종자심기로 함. 각각 개화기는 다름.
꽃빛 주황색(꽃은 겨울에도 핌)
키 왜성(10~60cm), 고성(10~20m)
용도 화분용으로 엽육을 감상함. 약용
참고 품종은 엽질이 딱딱하고 표피가 연한 것과 잎 전체가 연한 것이 있음.

앵도화(櫻桃花)
학명 Prunus avium L.
분류 장미과 벚꽃속·낙엽과수
원산지 가스피해, 흑해 연안
재배 이 앵도나무는 이미 한국의 산야에서, 또는 마당나무로 많이 자라고 있다. 열매가 다용도로 쓰이고 관상용으로 재배됨. 일광과 배수가 잘 되는 곳이 좋고, 산성토를 피하며 4~9월이 생육기간이다. 비교적 냉랭한 기후에 모래질 토양이 적합함. 묘목심기는 11월경 낙엽 후, 3월에 발아함. 봄심기는 건조, 가을심기는 설해·들쥐 해에 유의. 5월에 열매가 익음. 황앵도의 경우 회성병(灰星病)을 예방함.
꽃빛 유럽품종, 나폴레옹품종에만 배색, 매화 같은 꽃이 핌.
키 3~5m(화분용은 1m 이내)
용도 열매는 생식, 과실주, 절임용임.
참고 한국산 품종은 열매가 적다.

앵초꽃(櫻草花)
학명 Primula sieboldii E. Morr(英·Primula)
분류 앵초과 앵초속·숙근 다년초
원산지 한국, 중국, 동부시베리아, 일본
재배 이 앵초는 그 과속(科屬)의 품종이 많으며, 서양의 프리뮬러와 같은 과속으로, 앵초는 동양프리뮬러가 되는 셈이다. 서양앵초에도 중국원산의 이식종이 그 절반이 된다. 앵초는 야생종으로 초원의 습지대에 군생하는 로제트형 식물이며, 더위에 약하고 추위에 강하다. 다량의 비료가 없어도 되며, 개화기는 4~5월, 6월에 열매를 맺는다. 2월과 11월에 봄, 가을심기를 한다.
꽃빛 진홍색, 분홍색, 백색, 보라색 등 많음.
키 20~40cm(화경의 대·소 품종이 있음)
용도 화분, 화단, 대량군생용
꽃말 소년시대의 희망, 비통
참고 꽃이 한 포기에 많이 열려 애용된다.

야생국화(野生菊花)
학명 Chrysanthemum spp.
분류 국화과 국화속·반내한성 다년초
원산지 한국 각지, 동남아시아
재배 야생국화는 늦가을의 산과 들에 피는 자연생으로 한국의 지방에도 여러 종이 있으며, 들국화라고도 부른다. C. spotaneum은 노방초(路傍草)라고 한다. C. makinoi도 흔히 바위틈에 드문드문 보인다. 해안지대의 국화와 샤스터·데이지는 큰 꽃과 잎이 실하다. 재배는 배수와 일광이 좋으며 비료가 적어도 된다. 번식은 봄에 포기나누기로 한다. 모든 들국화는 원예대상으로 많이 개발되고 있다.
꽃빛 흰색, 황색이 주이다.
키 20~50cm, 60~90cm 등 줄기가 길다.
용도 록가든, 화단, 화분의 관상용, 차화용
참고 한국에서는 설악산, 소백산, 한라산 등 고산의 초원과 암산에도 군락하는 수가 있다.

양귀비(楊貴妃)類(1)
학명 Papaver rhocas L.(英·Red Poppy)
별명 우미인초(虞美人草)
분류 앵속(罌粟)과 앵속속·가을심기, 1년초
원산지 유럽 중부
재배 이 우미인초는 아편(阿片)꽃으로 알려진 앵속, 즉 양귀비와 같은 품종이나 앵속은 아편·모르핀 등 독약 성분이 있으나 이 우미인초에는 그것이 없다. 영어로는 Poppy의 야생 또는 홍색종류로 구분한다. 재배는 일광과 배수가 잘 되는 곳에 10월경 종자를 화단에 뿌리면 5~6월에 개화함. 유기질의 토양에 통풍이 잘 되게 한다. 경작과 원예가 쉽다.
꽃빛 진홍이 주종이며, 노랑과 혼색으로 핌.
키 추위에 강한 1년초로 60~70cm
용도 화단, 꺾꽂이용
꽃말 가냘프고 뜨거운 사랑, 위로
참고 꽃에 흑반점이 있고 홑겹으로 4판종임.

양귀비(楊貴妃)類(2)
학명 Papaver nudicaule L.(英·Island Poppy)
별명 시베리아 애기앵속꽃, 숙근앵속꽃
분류 앵속과 앵속속·가을심기 1·2년초
원산지 시베리아 및 아시아대륙 북부
재배 이 아이슬란드 양귀비는 시베리아 등 냉한지가 원산지이므로 추위에 강하며, 한국에서도 마당재배를 한다. 일광과 배수가 잘 되는 9월중 가을파종을 해서 복토를 한다. 야생재배는 3월에 개화를 하나, 12월부터 비닐보온을 한다. 별도로 6월심기는 여름에 시원하게 재배해야 다음해에 꽃이 피므로 요주의.
꽃빛 홍색, 핑크, 황·백색 등
키 50cm(화경은 10cm 초과함)
용도 화단, 생화꽂이, 꺾꽂이, 삽화(揷花)용
참고 이 양귀비류는 아편, 모르핀 등의 독약성이 없어 재배는 자유롭다. 이 꽃은 화경의 굴절이 특색인 앵속종이다.

양귀비(楊貴妃)類(3)
학명 Eschscholtzia c. Cham.(英·Corn Poppy)
분류 앵속과 화능초속·가을심기, 1년초
원산지 아메리카 캘리포니아
재배 별명이 캘리포니아 뽀삐이듯이 그 원산지명을 딴 양귀비 종류이나, 꽃이 고깔형의 화포에서 양귀비형의 꽃을 피운 데서 유래하며, 그 원종은 마름초 성질로 늦봄(5~6월)의 들판에 황금빛꽃을 피움. 재배는 일조와 배수가 잘 되는 건조한 땅이 좋으나 산성토와 옮겨심기를 싫어한다. 본래는 숙근초로 앵속과 식물로 뿌리채 심고 파종은 9월 하순과 10월 사이에 함.
꽃빛 등황색(橙黃色)
키 50cm(꽃포가 넓게 퍼짐)
용도 화단용(왜성품종의 화분용이 있음)
꽃말 나의 희망을 받아주세요.
참고 아편의 독성이 없음.

양(洋)나팔꽃
학명 Ipomoea purpurea(英·Common Morning glory)
분류 메꽃과 통꽃속, 고구마꽃속
원산지 아열대아시아, 열대아메리카
재배 발아온도 20~25℃, 파종 4~5월. 개화는 8~10월까지. 재배방식은 나팔꽃과 같음. 양달 또는 반양달이 좋음. 양나팔꽃은 아메리카원산종과 둥근잎나팔꽃의 두 종류를 합쳐서 일컫는다. 그 밖에 한국이나 중국에서 이식된 개량종도 있다. 나무상자나 프란타에 심어 베란다에 두고 감상한다. 지주를 여러 개 꽂는다.
꽃빛 청색, 백색
키 덩굴은 울타리 높이, 화분은 50~60cm
용도 화분, 울타리
꽃말 가장
참고 양나팔꽃은 품종개량으로 얼룩색의 꽃이 핀다. 한국 나팔꽃은 품종개량이 요구된다.

양란(洋蘭) 심비디움
학명 Orchidaceae cymbidium SW.(英·Orchid)
분류 난과 심비디움속·온실 및 실내재배의 다년초·수목의 착생식물
원산지 인도 북부, 인도네시아, 호주 북부
재배 이 품종은 히말라야, 버마 등의 1,000~1,500m의 산중에서 착생 또는 반착생하지만 남태평양 섬에서 착생한 두 종류가 1789년에 서양으로 이식 재배된 것이다. 습지를 좋아하고, 관수는 많이 하는 것이 좋다. 혹서에는 그늘이 필요하나 일광을 쪼여야 함. 한랭기에는 가온이 필요, 통기를 잘 해야 함. 상해에는 약함. 개화는 겨울과 봄 사이에 하며, 꽃의 향기는 없고, 화경이 10~100cm까지임.
꽃빛 자주색, 봉숭아색, 연분홍색, 주홍색
키 1m 안팎
용도 실내화분용, 꽃꽂이용, 부케용, 꺾꽂이용

양란(洋蘭) 카틀레아
학명 Orchidaceae Cattleya Lindl(英·Orchid)
분류 난과 카틀레아속·온실 및 실내재배의 다년초·수목의 착생식물
원산지 중남미(브라질, 서인도 등의 지역)
재배 동양란과 구별되는 원예종이다. 양란 중에 최초로 중남미원산종이 서인도의 바하마에서 1818년에 영국으로 이식된 것이 윌리암 카틀레아씨에 의한 것이기 때문에 이 품종을 카틀레아라고 부른다. 그 후 많은 교배종이 생겼다. 공중습도를 높이고, 뿌리는 건조시키는 상태에서 일조와 통기를 하고, 한랭기에는 가온함.
꽃빛 꽃판은 황색, 분홍색, 백색, 꽃술은 황색, 주홍색
키 2~10m(다른 수목에 착생하므로 키가 큼)
용도 실내화분용, 꺾꽂이용, 부케용
꽃말 우아한 여성
참고 4계절 개화의 품종이 있음.

양란(洋蘭) 파피오페딜리움
학명 Orchidaceae paphiopedilum(英·Orchid)
분류 난과 파피오페딜리움속·온실 및 실내재배의 다년초, 지생식물
원산지 동남아시아, 인도 북부
재배 이 품종은 보르네오, 수마트라, 뉴기니아 등 열대권에 자생하나, 히말라야원산이 유럽으로 이식됨. 교배종이 많다. 재배는 습지에서도 배수가 잘 되는 그늘진 응달이 좋고, 관수는 많이 함. 혹서에는 그늘을 만들어 주고, 한랭기에는 가온함. 화기는 11월에서 3월까지. 7~9월 개화종도 있음.
꽃빛 이 꽃은 꽃잎의 흰색과 황색바탕에 검은 점박이 줄무늬가 있음. 주홍색, 황색.
키 40~70cm(지생종, 석회암 착생종)
용도 실내화분용, 꺾꽂이용, 코사쥬
참고 이 품종은 화경이 주로 하나뿐이나, 5·6개의 화륜이 피는 품종도 있다.

억새
학명 Miscanthus sinensis Anderss.(英·Reed var)
분류 벼과 억새속·다년생 자생초
원산지 한국, 일본, 중국
재배 억새풀은 한국 산천 어디서나 자생하지만 그 품종은 몇 가지 차이가 있다. 가을 7초의 하나로 특히 이삭꽃(花穗)으로 주목된다. 아무 토지나 좋으나 화분심기에는 적심(摘芯)을 하여 작게 피게 하며 가을에 뿌리줄기의 정상에 10~20개의 잔가지를 내고 작은 이삭을 피움 뿌리는 분지가 심해 땅을 굳게 한다.
꽃빛 담홍색, 백색(품종에 따라 차이가 있음)
키 1~2m(상록다년초는 2m 이상)
용도 정원, 생화 밑받침용
꽃말 세력, 활력(상록은 잎이 대잎 같음)
참고 M. sacchariflorus(荻)는 억새종의 갈대로 습지·수변에 자라며, 화수도 크고 은백색임.

엉겅퀴
학명 Cirsium Adans.(별명·Ussuriense)
분류 국화과 엉겅퀴속·내한성 야생 다년초
원산지 한국, 일본, 및 유럽에서 분포함.
재배 본래 야생종이므로 한 포기가 수십 주로 분생함. 발아온도 15~20℃, 파종 4월, 12~1월에 온실에서 개화함. 일조와 배수가 잘 되는 땅에서 자란다. 숙근도 하지만 해마다 씨를 뿌리며, 특히 인산비료를 많이 준다. 종류에 따라 야생종 C. Japonicum은 봄에서 초여름까지 개화하고, 다른 종류는 거의 8~10월 사이에 개화함. 뜰이나 화분에 심는 것이 가능함.
꽃빛 진한 붉은 보라색, 백색
키 60cm~1m
용도 정원용, 화분심기, 생화재료
꽃말 반항, 무뚝뚝
참고 우리나라에서는 개량종이 별로 없고 야생종이 많다. 스코틀랜드의 국장(國章)꽃이다.

에델바이스
- 학명 Leontopodium alpinum(英・Edelweiss)
- 분류 엉거시과 에델바이스속・다년생 고산식물
- 원산지 아시아(히말라야, 중국 서남부), 알프스산맥
- 재배 히말라야 고산식물로 세계적인 명성을 지니고, 등산가에 의해 알프스의 상징으로 정해졌다. 만병에 효험이 있다는 영약제로 알려짐. 재배는 바람이 센 건조한 능선에서 자라며, 줄기와 잎에 흰 솜털이 덮혀 있다. 줄기 끝에 펼쳐 있는 것은 화포(花苞)이며, 이 흰 포 가운데에 작은 좁쌀 같은 것이 검은 점으로 보이다가 개화기에는 황색, 황갈색으로 자란다.
- 키 10~20cm
- 용도 등산가의 상징용, 약용
- 꽃말 높은 기품
- 참고 한국고산에도 자라남.

연 꽃(蓮花)
- 학명 Nelumbo nucifera Gaertn(英・Lotus)
- 별명 만다라화(曼陀羅華), 수부용(水芙蓉)
- 분류 수련과 연꽃속・내한성 수습지성 숙근초
- 원산지 인도, 중국, 페르시아, 오스트랄리아, 한국
- 재배 용기재배와 연못 또는 습전(濕田)재배의 두 방법이 있다. 용기는 오지그릇으로 구경이 대형은 60cm 이상, 소형은 30cm 이상, 전토를 잘 걸러서 비료를 밑에 깔고 중앙부에 뿌리를 수세한 후 연종근과 지하경을 각각 위아래로 뭉쳐서 심는다. 고온다습이나 일광과 통풍이 좋은 곳에 심은 후 1개월 만에 떡잎이 나오고, 초심기에서는 초여름(6월)에 심어 2년 후에 개화한다. 항상 물주기에 유의한다.
- 꽃빛 분홍색, 백색, 황색의 홑겹, 겹겹종
- 키 20~30cm
- 용도 관상용, 종근은 식용

오 동(梧桐)
- 학명 Paulownia tomentosa(英・Paulownia tree)
- 분류 깻잎과 오동속・낙엽고목
- 원산지 한국 울릉도의 자생종
- 재배 양달을 좋아하고, 배수양호한 비옥한 자갈질 토양에서 성장이 빠르다. 전정은 하지 않으며 비료는 한비(寒肥)로 퇴비, 계분, 깻묵 등을 준다. 병충해가 나무등걸에 침입하니 주의해야 함. 번식은 꽃과 잎 사이의 종자열매에서 자생하거나, 뿌리를 캐내어 심는다. 5~6월에 잔가지의 끝에 원추형의 큰 화서(花序)가 달려 많은 꽃이 아래로 드리워지고 10~11월에 달걀형의 열매가 여러 개 달려 익는다.
- 꽃빛 속은 희고 겉은 자색
- 키 낙엽고목으로 15m, 잎길이 30cm
- 용도 건축, 가구의 재료, 근피는 염료로 씀.
- 참고 장농과 도자기 상자 등의 재료로 유명함.

오랑캐꽃
- 학명 Saintpaulia ionantha(英・Africa Violet)
- 별명 제비꽃, 세인트포지아
- 분류 바위담배과 오랑캐꽃속・불내한성 숙근초
- 원산지 아프리카(제비꽃 중의 아프리카 특산)
- 재배 제비꽃속에서는 가장 아름답고 강인한 품종으로 특이하다. 직사광선을 싫어하나, 양달에 습도가 있고 배수가 잘되는 부식토가 적합하다. 원예재배로는 비닐온실의 식물형광등이 반응달보다 낫다. 밖에서는 월동온도 15℃, 온실에서는 35℃까지 죽지 않는다. 여름은 27℃~28℃까지.
- 꽃빛 연보라색, 남보라색, 진분홍색
- 키 10~15cm
- 용도 화분, 화단
- 꽃말 민감
- 참고 청초한 감을 주는 관상화이다.

오 목 향(吾木香)
- 학명 Sanguisorba officinalis L.
- 분류 장미과 오목향속・다년생
- 원산지 한국, 일본, 중국, 시베리아, 유럽
- 재배 이 화초는 자연야생초로 한방(漢方)에서 근경(根莖)을 약용하고 지유(地楡)라는 명칭을 쓰고, 아모홍(我毛紅)으로도 부른다. 재배는 일광이 쪼이는 습・초지에서 군생하며, 뿌리포기로 번식시킨다. 가을개화로 꽃은 긴 줄기가지 끝에 원통상의 화서(花序)가 생겨서, 그 화서에 작은 꽃이삭이 밀집하여 개화를 한다. 잎은 장타원형의 호생잎으로 되어 있다.
- 꽃빛 진홍 일색으로 주먹크기이며 타원형임.
- 키 70~1m(줄기와 꽃봉오리 포함)
- 용도 근경약용(지혈제), 정원심기용
- 꽃말 변화
- 참고 이 오목향의 왜성종은 한국의 제주도산이 애용되며, 화분용으로 쓰임.

용 담(龍膽)
- 학명 Gentiana L.(英・Buer geri)
- 별명 G. Scabra var
- 분류 용담과 용담속・춘추심기 다년초
- 원산지 중국 북동부, 한반도 및 아한대・열대
- 재배 이 용담은 용담초과에 속하며 G. Scabra는 특히 한반도와 중국의 자생원산종으로, 질경이(도라지)와 비슷한 모양을 하고 있다. 배수가 잘 되는 토지에 비료는 적게 주어야 하며 다소 산성토에 잘 자라나는데, 한반도의 산야에서 많이 볼 수 있다. 포기, 씨앗심기 등을 함.
- 꽃빛 남색, 연한 청색, 황색
- 키 고성종(30~60cm), 왜성종(10~20cm)
- 용도 한국원산은 약용, 정원용, 화분용, 꺾꽃이용
- 꽃말 정의(正義), 정확
- 참고 꽃은 봄・여름에 피는 품종이 있고, 겹이 많고 두텁다.

용 설 란 (龍舌蘭)
학명 Agave L.(英·Agave Pita)
별명 세기의 꽃(百年花)·Century Flower
분류 아가베과 아가베속·열대다육식물
원산지 중남미, 멕시코, 서인도제도
재배 용설란은 난과 식물로 오인되기 쉬우나 다육식물로 반내한성 품종도 있다. 꽃이 백년 만에 핀다고 해서 별명이 붙여졌으나 환경이 좋은 곳에서는 30년, 또 품종에 따라서 10년 만에 피는 수도 있다. 재배는 대체로 내한성은 정원에서도 사육되며, 건조한 곳이 좋다. 원예점에서 파는 사보덴용토면 무난하며, 서리를 피하고 겨울은 재배실에서 키운다.
꽃빛 잎과 포(苞)의 색깔이 다양함(葉花種).
키 사보덴과 같이 로제트형(20~50cm)
용도 공원수, 정원수, 화분 및 술재료
꽃말 섬세
참고 용설란은 침엽, 원형엽, 칼형이 있다.

원추리꽃 (萱草花)
학명 Hemerocallis aurantiaca(英·Day lily)
별명 들원추리(Hemerocallis fulva)
분류 나귀과 망우초속·다년초
원산지 한국, 중국, 일본 중·남부
재배 이 원추리는 원초라고 하며 따로 망우초(忘憂草)라고도 하고 들원추리라고 부른다. 같은 품종으로 황관(黃管)종, 일광황관(日光黃管)종 등이 있는데 고산지나 초원에 대량으로 군생하고, 일광과 배수가 잘 되는 곳이면 상관없으나, 비료가 많아야 함. 여름(6~7월)에 1m의 황경이 자라면 분지하고, 품종에 따라 40~70cm도 있다.
꽃빛 모두가 담황색 일색임.
용도 정원심기, 화분심기, 차용 및 식용
꽃말 선고, 아양
참고 원추리는 하루살이꽃이며, 줄기의 새눈엽은 식용을 하며, 차용은 꽃을 쓴다.

월하미인 (月下美人)
학명 Epiphyllum oxypetalum Haw.
분류 선인장과 공작선인장속·다육식물
원산지 멕시코에서 브라질일대
재배 이 월하미인은 사보덴의 한 품종으로 공작선인장과 유사하다는 품종설이 있으나, 그것은 원종이며, 월하미인은 개량종이다. 이 꽃은 선인장과에서는 꽃이 가장 화사한 것으로 여름에서 가을까지의 야간에 순백의 대륜화가 핀다. 재배는 본래 야생종이며, 정글속의 낙엽퇴토 또는 고목에 착생함. 용토는 원예상으로는 붉은 흙과 모래에 부엽토의 다비종이며 여름은 응달, 겨울에 5℃ 이상의 온도를 유지해야 함. 이식은 춘추에 가지꽂이함.
꽃빛 백색
키 미역형의 잎줄기, 높이 1.5m 정도
용도 베란다의 화분, 조발용
참고 품종에 봉황무, 토마스공작 등이 있다.

유 채 꽃 (油菜花)
학명 Brassica Rapa var.
별명 화채(花菜)
분류 유채과 유채속·가을심기 1년초
원산지 동아시아, 한국, 일본
재배 이 유채꽃은 흔히 기름을 채취하기 위한 평지의 유채와는 달리 다만 원예상 재배되는 화채를 일컫는다. 대별하면 곱슴잎과 떡잎의 두 종으로, 전자는 조생종이고 후자는 만생종이다. 가을심기 풀꽃시기는 9~10월이며, 꺾꽂이용으로는 겨울에서 봄 사이에 개화를 절취할 수 있다. 배수와 일조가 잘 되는 화단, 밭작으로도 가능하나 비료를 과하게 주면 해롭다.
꽃빛 황색, 자주색
키 30~60cm
용도 화단용, 꺾꽂이용, 꿀채취용
참고 추위에 강해 한국의 경우 제주도 한라산의 눈을 배경으로 3월의 들판에 대량 군락함.

한국의 유채꽃(제주도)

유 카

학명 Yucca filamentosa(英·Adams Needle, Silk Grass)
별명 실란(糸蘭)
분류 용설란과 유카속·상록성 숙근초목
원산지 북미의 플로리다, 미시시피, 서인도
재배 열대식물성인 이 꽃은 일조와 배수가 잘 되는 곳이면 어디서나 자란다. 번식은 포기나 누기로 하나, 저녁에 개화하며 동시에 수분교배(受粉交配)로도 생식함. 건조한 환경에 강하고, 두터운 침상의 잎이 많아 로제트를 이룬 중심의 줄기에서 작은 초롱꽃이 여러 개 핀다.
꽃빛 백색
키 잎(30~40cm), 꽃줄기(1~2m)
용도 정원용, 화단용
꽃말 접근금지
참고 이 꽃의 품종은 필라멘토사 이외에도 Recurvifolia와 Gloriosa가 돋보인다.

유포르비아

학명 Euphorbia L.(英·Euphor-bia)
분류 대극과(大戟科) 유포르비아속·다육식물
원산지 아프리카, 마다가스칼, 열대아시아
재배 이 유포르비아는 외형상 선인장과 식물로 오인하기 쉬우나, 육질속에 유독성의 백색 고무상의 유액이 있으므로 찢어 보면 쉽게 판별된다. 재배는 불내한성으로 건조에 강하나 생육기에는 관수를 많이 해야 함. 겨울 이외에는 옥외의 비가 오지 않는 곳이나 혹은 실내의 탁상 같은 곳에서 키우면 예쁜 꽃을 피운다.
꽃빛 빨간 점화(點花), 하얀 두잎꽃, 황색
키 10~15cm, 40cm(군생종)
용도 화분 애완용
참고 이 유포르비아는 문어발식 침엽종과 산호상(珊瑚狀)의 군생종, 가래중첩형, 원형가시형, 넓적잎종 등 모양이 다양하다.

이끼(鮮苔)類

학명 Bryophyta(英·Moss)
분류 이끼류, 지의류(地衣類), 조류(藻類), 양치식물, 종자식물의 일부 및 지피식물(地被植物)
원산지 세계 각지에 품종이 있음.
재배 이 이끼류는 식물분류상 각종이 있으며, 이들 원예종으로는 각국에 특종이 개량종이 있음. 대체로 응달의, 습성이 있는 곳에 부착, 왕성하게 자람. 비료는 불필요. 수분과다와 공기건조, 직사광을 피해야 함. 번식을 직립으로 하는 이끼는 양토에 구멍을 뚫고 이끼흙덩이를 묻음. 땅거미이끼는 양토의 표면에 부착함. 이끼 분재나 화분심기는 밑물로 부착시키며, 이끼는 꽃이 없고 녹색임. 이끼에는 솜형, 침형, 가시풀형 등 여러 종이 있음.
용도 이끼정원, 분재용, 테라륨용
참고 지표에 넓게 자생하는 특수식물이다.

인 동(忍冬)

학명 Lonicera japonica var
별명 금은화(金銀花), 인동덩굴(초)
분류 인동과 인동덩굴속·반낙엽 덩굴성 꽃나무
원산지 중국, 한국, 일본
재배 쌍떡잎식물에 속하며, 북반구 온대와 열대에 10속 400여 종이 분포한다. 우리나라에 인동과에 속하는 나무는 40여 종이다. 인동은 인동초(덩굴)로 불리우며, 양지와 배수가 좋은 곳에 자라며, 대개는 종자보다 꺾꽂이로 착근하며 잘 번식한다. 처음 착근 후, 2년째에 개화하며, 꽃은 여름 6월과 7월까지 장기성 개화종이다. 꽃은 튜브(tube)상이며, 3~4cm이다.
꽃빛 흰색에서 담홍, 다시 황색으로 변한다.
키 덩굴초의 줄기는 좌로 말아오른다.
용도 줄기와 잎을 인동차와 약재로 씀.
꽃말 우애, 헌신적 사랑

잇 꽃(紅花)

학명 Carthamus tinctorius L.(Tinct-flower)
분류 국화과 잇꽃속·가을심기(寒地서는 봄), 1년초
원산지 서아시아, 지중해 연안
재배 건조지와 유기토성이 적합하나, 과도한 시비와 산성토는 피해야 함. 번식은 직근성으로 뿌리이식이 어려워 파종하되 난지에는 9~10월에 하고, 한지에서는 눈이 녹은 건조한 땅에 심음. 육묘는 본엽이 2~3매일 때 1회, 5~6매일 때 최종으로 솎은 후 한 줄기로 만들면 초하에 꽃 핌. 탄저병의 예방에 유의해야 함.
꽃빛 등황색
키 30~90cm(줄기 끝에 국화형 꽃)
용도 화판에서 빨강의 염색원료와 입술연지의 원료가 나옴. 씨앗은 비누, 도료, 식품원료 및 리노르산(酸)이 약용으로 쓰임. 원예용으로는 화단, 꺾꽂이의 감상용

자귀나무(合歡木)

학명 Albizzia julibrissin Durazz.
분류 함수초과 자귀나무속·낙엽·꽃나무
원산지 한국, 중국, 일본
재배 한국에서는 주로 중남부에서 자라고, 합혼목(合昏木)이라고 함. 재배는 양수(陽樹)이기 때문에 일광과 배수가 잘 되는 곳이면 아무데나 자란다. 잎이 부채살처럼 한 줄기에 호생하여 그늘이 좋음. 뿌리가 근유균과 공생하므로 토지는 상관없으며 번식은 열매와 뿌리심기, 접목 등으로 함. 분재용에는 시비를 요함. 6~7월에 가지 끝에 20개 정도의 두상화가 피고, 두과(豆果)는 9~10월에 익고 씨가 있음.
꽃빛 담홍색(실처럼 퍼짐). 열매는 갈색
키 6~9m. (잎의 길이 20~30cm)
용도 정원목, 분재재배용
꽃말 환희
참고 백색품종과 유목종도 있음.

잔 디(芝)
학명 Zoysia japonica Stud(英·Turf)
분류 벼과 잔디속·다년초
원산지 한국, 일본, 중국
재배 이 잔디의 야생종은 들잔디라고 하여 한반도, 일본, 중국에 자생하며, 해안, 산지, 들판을 가리지 않는다. 특히 고려(高麗)잔디는 Z. matrella라는 명칭을 가짐. 재배는 일조시간의 2/3면 된다. 토양은 점질토에 모래를 객토로 함. 평지에 자생하나 재배도 공기유통에 주의하고 비료를 준다. 4~6월에 땅심기를 할 때 그 잔디 분할을 하고, 제초작업을 하여 잡초를 제거해야 함. 들잔디는 이삭이 피며 강인하다. 다년생이므로 겨울은 휴면.
키 키자르기를 위해, 고려잔디는 월 1회, 야생은 연 4~5회 예초를 한다.
용도 잔디밭, 원예용, 골프장, 운동장용
참고 주택용의 원예잔디도 정원에 흔히 쓰임.

장 미(薔薇)(1)
학명 Rosa hybrid perpetual(英·Floribunda Rose)—Tea·Rose와의 교배종
분류 장미과 장미속·반상록, 낙엽저목
원산지 아시아 북반구, 원예종은 유럽
재배 장미는 세계인의 꽃으로 알려져 수많은 종교, 예술과 생활의 일화를 갖고 있는 명화이다. 재배는 일조와 배수, 통풍, 관수가 잘 되는 점질토양이 좋고, 월동온도는 -5℃~-8℃가 알맞다. 주로 6품종, 7계통이 생산되며 재배방법도 차이가 많다. 파종은 2~3에, 개화는 9~10에 하며, H·T종의 개발 이후에 4계절 꽃이 됐다.
꽃빛 적색, 백색, 황색, 핑크
키 왜성종(50~70cm), 고성종(1~2m)
용도 공원, 정원, 화단, 분재, 꺾꽂이 등
꽃말 사랑, 순결, 질투
참고 은·주시대부터 재배기록이 있음.

장 미(薔薇)(2)
학명 Rosa hybrid Tea(英·Morden Rose)
분류 장미과 장미속·반상록, 낙엽저목
원산지 북반구, 히말라야, 지중해안
재배 장미는 히말라야원종과 지중해 연안의 에게문명이 낳은 원종의 두 종이나, 그 후 300개의 유사원종을 낳았으며, 근대의 주종인 본종은 H·P종과 T·Rose의 교배로 낳은 신종이다. 재배는 월동온도 -5℃~-8℃, 2~3월에 정식, 5~11월에 개화하는 4계절꽃. 1년과 2년묘목이 있으나 2년묘목으로 정식한다. 장미는 대륜·소륜, 겹꽃, 단겹 등 수많은 개량종이 있다. 기후·환경을 조심.
꽃빛 다른 종자와 같음.
키 왜성종과 고성종이 있음.
용도 4계절의 장식 및 연회관상
참고 장미를 중국에서 장춘화(長春花) 또는 월계화(月季花) 및 장미라고 불렀다.

장 미(薔薇)(3)
학명 Rosa hybrid(英·Climbing Rose)
별명 덩굴장미, 줄장미
분류 장미과 장미속·낙엽관목, 덩굴종
원산지 타종과 같으나 야생종
재배 근대장미종에는 12계통의 품종이 있으나 대별하여 덩굴종과 비덩굴종이 있다. 덩굴종에는 4계절꽃과 두 번 피는 품종, 봄에 한 번만 피는 한철품종으로 나뉜다. 재배는 타종자와 같으나 화기별로는 2~4월 정식, 4~6월 개화. 2~3월에 전정을 반드시 하고, 추운 때에는 묘목심기를 안 하는 것이 통상원칙이다. 덩굴종은 담장과 목장위치의 선택에 따라 용토의 관귀에 유의해야 한다.
꽃빛 타종과 같음.
키 덩굴종이라 3~6m 정도
용도 울타리 정원의 보호용
참고 덩굴장미는 주변환경을 밝게 한다.

접 시 꽃

학명 Althaea rosea(英·Holly-hock)
별명 촉규화(蜀葵花)
분류 아욱과 아욱꽃속·내한성, 다년생, 숙근초
원산지 중국, 한국
재배 발아온도 15~20℃, 가을파종은 3년 만에 꽃이 핌. 대체로 3~5월에 파종, 5~7월에 개화한다. 양달이나 반양달에서 꽃이 잘 피며, 봄이나 가을에 50cm 정도의 간격으로 고쳐 심는다. 2~3년간은 그대로 두는 것이 좋다. 심장 모양의 잎은 5~7갈래로 깊게 째지고, 가장자리에 톱니가 있어 쭈글쭈글함.
꽃빛 적색, 백색, 핑크, 자주색
키 40~50cm
용도 화단용, 꺾꽃이용, 화분용
참고 접시꽃은 촉규화, 덕두화(德頭花), 층층화(層層花)의 별명으로 중국문학에 흔히 나온다.

제 라 늄

학명 Pelargonium zonale(英·zonal Geranium)
분류 제라늄속·반내항성 구근 다년초
원산지 남아프리카
재배 겨울은 보온과 배수와 일조가 좋은 곳이 필요함. 월동 최저온도 3℃ 이상, 10℃까지는 겨울에도 계속 꽃이 핀다. 종자는 가을(10월)이나 봄(4월)에 화분에다 심고, 발아 후와 육묘 후에 화분에 이식함. 10월에 개화한다. 3~4개 잎을 두고 가지를 잘라서 흙을 선택하여, 4~5월 혹은 9~10월에 심으면 된다.
꽃빛 핑크, 백색, 진홍색
키 고성종 50cm 이상, 왜성종 20~30cm, 20cm 이하의 극왜성종이 있어 용도에 유의.
용도 화단용, 화분용, 꺾꽃이용, 프란타용, 향료용
꽃말 결심, 안락, 우정

제 비 꽃(1)

학명 Viola mandshurica(英·Violet)
분류 제비꽃과 제비꽃속·다년초 또는 1·2년초
원산지 유럽, 남아프리카, 동남북아시아, 미국
재배 제비꽃과에는 수많은 분종이 있고 또 산지, 고산, 해상의 야생종과 마을부근과 원예종의 교배로 인한 많은 종속이 있다. 그리고 일본 어로는 스미레라는 통칭으로 불리는 것이 곧 제비꽃이다. 재배는 봄에는 봄빛이 잘 비치는 곳이 좋고 여름은 응달이 좋으며, 용토는 객토를 중심으로 한다. 가을 낙엽기에는 시비를 한다. 2~3월에 개화 후, 4~5월에 번식장을 한다.
꽃빛 자주색, 백색, 황색
키 10~20cm(잎은 침상과 떡잎이 있다)
꽃말 성실(자주), 순수(백색), 행복(백색)
참고 제비꽃 중에서 여기서는 그 주종인 맨드슈리카의 홑겹 송이꽃을 주로 다루었다.

제 비 꽃(2)

학명 Viola odorata L.(英·Sweet Violet)
별명 향(香)제비꽃
분류 제비꽃과 제비꽃속·봄, 가을심기, 다년초 내한성식물
원산지 지중해 연안
재배 Odorata라는 말이 〈향기〉를 가리키는 것으로, 이 꽃은 같은 제비꽃속에서도 유달리 향기 높은 품종이다. 추위에 강하여 겨울눈이 녹기 전인 2월부터 개화한다. 여름더위는 특히 싫어하고 기온의 온냉에 민감하다. 포기나누기와 가지꽃이로 번식시킨다. 4월에 꽃이 지면 5~6월에 심어서 9월 하순에 정식한다. 후레임에 재배하면 11월에도 개화한다.
꽃빛 자주빛 일색이다.
키 10cm 안팎
용도 화단용, 돌계단, 꺾꽃이용, 향료에 씀.
꽃말 겸손

조팝나무

학명 Spiraea thunbergii(英·Thunberg Spiraea)
별명 계뇨초(鷄尿草), 목상산(木常山)
분류 조팝나무과 갈래꽃속·내한성 낙엽관목
원산지 동북아시아(한국·일본)
재배 양달에서는 꽃이 밀생하는 쌍떡잎과 식물로서 줄기부분에서 가지가 밀생하여 덩굴로 보인다. 꽃은 지난해 생긴 가지에서 나오므로 겨울 전정은 삼가해야 한다. 봄에는 꽃으로, 가을에는 단풍잎으로 돋보인다. 포기나누기로 번식하며, 꺾꽃이로도 번식시킨다. 2~4월에 정식하고 이듬해의 2~4월에 개화한다.
꽃빛 백색
키 1~3m
용도 정원수용, 꺾꽃이용
꽃말 앓는 몸, 수승함.
참고 한국에서는 관목으로 널리 분포한다.

종 려(棕櫚)

학명 Trachycarpus fortunei Wendl.(英·Hemp Palm)
분류 야자과 종려속·관엽, 상록, 중·고목
원산지 일본 남부, 중국전래설
재배 내한, 내서성에 뛰어나며, 번식은 종자로 생육하는 것이 특색임. 종려는 기둥형에 침상의 산화형 잎 속에서 육수화서(肉穗花序)를 내밀고, 담황색의 타래형 꽃을 7~8월에 드리움. 자웅이주(雌雄異株)가 있어 5~6월에 잎이 먼저 나온 후에 육수화서가 나옴. 종려는 밑둥에서부터 엽초(葉硝)가 따라 오름.
꽃빛 황색(꽃타래)
키 고성종(10m), 왜성종(1m)
용도 정원목용, 공원수용
꽃말 승리
참고 번식방법이 종자심기밖에 없으므로 꽃타래에서 채취한 후의 보관에 조심해야 함.

진 달 래

- **학명** Rhododendron 'spp.(英・Azalea)
- **별명** 두견화(杜鵑花)—R. simsii, 철쭉꽃
- **분류** 철쭉과 철쭉속・낙엽 및 꽃관목 통칭
- **원산지** 아시아 동북부, 북미주
- **재배** 진달래꽃은 나뭇잎이 적고 꽃잎도 비교적 적은 낙엽관목이다. 따라서 양지바르고, 건조한 산성 토질을 좋아하므로, 우리나라 전역에 걸쳐 있다. 원예재배로 왜성의 개량종은 9~10월과 3~4월에 50cm 깊이에 포기근경을 심으면 이듬해 3~6월에 개화한다.
- **꽃빛** 흰색, 주홍색, 분홍색
- **키** 왜성종(40cm~1m), 고성종(1~3m)
- **용도** 정원용, 공원용, 분재용
- **꽃말** 절제, 첫사랑
- **참고** 진달래를 척촉(躑躅)이라 함은 중국식의 잘못이다. 정원용의 흰꽃을 영산백(映山白), 붉은 꽃을 영산홍이라 함.

진 저

- **학명** Hedychium Koenig(英・Ginger Lily)
- **별명** Fragrant Garl and Flower
- **분류** 생강과・반내한성 봄심기 구근(숙근)초
- **원산지** 동남아시아, 인도, 마다가스갈
- **재배** 재배는 칸나와 비슷하다. 다소 습기가 있는 모래땅이 적합하다. 정식은 3월 하순, 겨울철에는 3~5℃에서 저장하며, 다음해 8~10월에 개화하는 여름철꽃이다. 비료는 넉넉히 주며, 분구는 30cm 간격, 10cm 깊이로 묻는다. 실내 구근저장에는 건조에 조심. 수년간 방치해도 잘 자란다.
- **꽃빛** 백색, 주홍색, 황색
- **키** 1~2m(잎은 길며, 꽃높이임)
- **용도** 화단용(따뜻한 곳), 꺾꽂이용
- **꽃말** 헛된 일
- **참고** 이 꽃은 원산이 40여 종 있으나 H. coronarium이 백화 대류종으로 대표된다.

차 조 기(紫蘇)

- **학명** Perilla frutescens BRITT var.(英・Purple Perillra plant)
- **분류** 차조기과 차조기속・일년생 엽채(葉菜)
- **원산지** 히말라야, 버어마, 중국 중남부
- **재배** 화수형 꽃을 가지며 들깨와 흡사하다. 중국에서 전래되어 넓은 톱니잎과 꽃줄기 향기가 좋다. 재배는 4월에 반응달에 심고 5~6개 종자를 4.5cm 간격으로 포기심기하고 액비(液肥)를 준다. 줄기는 4각으로 직립하며 잎과 줄기가 엇갈려 난다. 포기 전체에 향기가 나고, 단시일에 개화결실함. 6~9월 사이 지하줄기에서 화포가 나와서 하루만에 시든다.
- **꽃빛** 꽃봉오리 속에 흰꽃이 핌.
- **키** 50~100cm
- **용도** 씨앗(약용), 꽃・잎(향료), 잎(식채) 등
- **참고** 이 차조기는 노지나 화단 등 혹은 밭작으로 재배되며, 조림의 향신료나 방부제로 쓰임.

참 등(藤)

- **학명** Wisteria Nutt(英・Wistaria)
- **분류** 콩과 등속・내한성 낙엽정원목
- **원산지** 한국, 일본, 북미, 중국에 원종산출
- **재배** 1년생이 꽃이 잘 피며, 양지바르고 배수가 잘 되는 곳이 좋다. 덩굴종식물이므로 여름 이전에 자주 잘라 준다. 질소비료의 과다사용은 금함. 산지나 개천가와 계곡의 습지에 자생하며 뿌리가 길고, 물 속에서도 썩지 않음. 이 등의 주종은 오른쪽으로 줄기가 뻗는다. 10월과 3월에 정식하며 4~5월에 개화하고 꽃줄기는 보통 30~60cm 이상이고, 별종은 왼쪽으로 줄기가 뻗어 타래덩굴을 이룬다.
- **꽃빛** 보라색이 주. 백색, 복숭아빛
- **키** 4~5m
- **용도** 정원용, 기둥세우기용, 화분용
- **꽃말** 사랑에 취한다. 환영
- **참고** 덩굴식물이나 콩깍지가 열린다.

참제비(飛燕草)꽃

- **학명** Delphinium hybridum hort(英・Delphinium)
- **분류** 라넌큘러스과 참제비족・직립성, 다년 또는 1년초
- **원산지** 유럽, 북미, 이란, 시베리아
- **재배** 텔피늄으로 통칭되는 이 꽃은 재배상 고온다습을 싫어하고 청량한 기후조건이 전제되어야 함. 파종과 육묘는 9월 상・중순, 발아온도는 20℃, 복토를 충분히 하면 14~18일에 발아함. 육묘상에 이식 후, 겨울서리를 피하고 3월 중순에 정식하면 초하(5~6월)에 개화함.
- **꽃빛** 고성・대류종(한줄기・다화종)은 청색, 하늘색, 자색, 백색, 도화색
- **키** 고성(1.5~2m), 왜성(60~80cm)
- **용도** 화단용, 꺾꽂이용, 화분심기용
- **꽃말** 청명, 자비심
- **참고** 5판 청・홍에 겹꽃 등 품종이 많다.

창 포 꽃(菖蒲花)

- **학명** Iris ensata Thunb
- **분류** 붓꽃과 붓꽃속・구근 다년초
- **원산지** 한반도, 시베리아, 일본, 중국 북부
- **재배** 창포꽃은 그 주산지가 한반도이며 붓꽃의 주종이기도 하다. 특히, 장마때의 5월 단오절에는 창포잎과 뿌리로 약용효과의 생활행사가 여성 중심으로 전국에서 행해진다. 재배에는 일조가 좋고 일정한 습도가 유지되는 양지가 좋다. 원예상으로는 여름더위 전에 근경묘를 활착시키고, 가을성장에 대비시킨다. 파헤친 근경포기를 1m 평방을 두고 심고, 여름에는 한나절 볕을 쪼이고 퇴비를 주고 밭작으로 대량생산함.
- **꽃빛** 남색과 흰색이 주이고, 홍색도 있다.
- **키** 30~50cm
- **용도** 화단용, 화분용, 꺾꽂이용, 약용 등.
- **꽃말** 부드러운 마음씨

채송화(菜松花)

학명 Portulaca grandiflora(英·Rose Moss Largeflowered Purslane)
분류 쇠비름과 갈래꽃속·불내한성 1년초
원산지 브라질
재배 일광과 배수가 잘 되는 땅. 기온이 상승할 시기에 성장이 빠름. 발아온도 20~25℃. 열대의 원생체질상 고온식물이므로 3~4월에 정식하면 7~9월까지 개화함. 여름철 우리네 시골 가정의 뜰에서 쉽게 보는 애호화초로 더위와 건조한 척지에서도 잘 자란다. 홑겹종과 겹겹종이 있다. 종자가 매우 적어서 다량으로 묘상이나 화분에 심는다.
꽃빛 진홍색, 분홍색, 황색, 오렌지색 등 다양함.
키 10~15cm
용도 화단용, 록가든용, 화분용
꽃말 귀여움, 순정

천일홍(千日紅)

학명 Gomphrena globosa(英·Glove Amaranthus)
분류 비름과 갈대꽃속·불내한성 일년초
원산지 남아메리카·열대아메리카
재배 발아온도는 20℃ 안팎. 씨앗은 털이 있으므로 물기 있는 모래나 흙으로 잘 문지르고, 4~5월에 파종한다. 배수를 잘 하는 땅에 20×20cm 간격으로 정식하며, 양달과 고온을 유지시켜 준다. 열대식물이므로 당연히 외부기온에 신경을 써야 한다. 질소비료는 금물이므로 요주의. 7~8월에 개화하는 여름꽃으로 화기가 길어서 천일홍이라 부른다.
꽃빛 적색, 백색, 핑크(주로 적색)
키 보통 60~80cm이나 왜성종은 15cm 안팎으로, 직경이 1cm의 화구(花球)가 여러 개 있다.
용도 화단용, 꺾꽂이용, 화분용
꽃말 변함없는 사랑

철쭉꽃

학명 Rhododendron Obtusum(英·Azalea)
분류 철쭉과 철쭉속 상록 및 낙엽 꽃나무
원산지 아시아 동북부(한국·중국·일본), 북미주
재배 진달래와 철쭉은 품종구분이 안 되는 종속도 있다. 철쭉꽃은 상록이며, 나무도 꽃도 크고, 잎이 두텁고 윤기가 있다. 진달래는 낙엽종으로 꽃과 잎의 자방(子房)에 털이 있다. 철쭉도 양지바른 산성의 건조한 토질을 좋아하며, 진달래보다는 설악산, 지리산, 소백산 등에 자라는 고산종이 더 많고 왜성(矮性)의 다발(多發)꽃과 짙은 잎을 가진다. 철쭉 역시 9~10월과 3~4월에 땅을 깊게 파고 포기뿌리를 심는다. 이듬해 3~6월에 개화함.
꽃빛 백색, 분홍색, 홍색
키 왜성종(30~60cm), 고성종(1~3m)
용도 공원용, 화단용, 분재용

참고 철쭉도 일명, 두견화, 영산홍·백산홍 등으로 불리우나 진달래보다는 한층 왜성의 집단 군락을 이룬다. 유사품종이 많다.

군락을 이루고 있는 한라산의 철쭉

추 해 당(秋海棠)
학명 Begonia evansiana And(英·Begonia)
분류 추해당과 베고니아속·가을심기 구근 다년초
원산지 중국, 한국, 말레이지아반도
재배 추해당은 고래로 중국에서 완상된 화초로 서화(書畫)에도 애용되었다. 한국의 해당화와는 별종이다. 재배는 다습하고 그늘진 곳에 번식한다. 번식은 구근뭉치를 떼어서 하거나 종자로도 하고, 잎줄기를 심기도 한다. 4월 상순에 심고 9~10월에 개화하며, 바위틈에서도 왕성하게 줄기에 작은 꽃을 피운다. 화분심기 때는 배수와 통풍에 조심한다.
꽃빛 전분홍색, 연분홍색(화판은 두개씩이다)
키 40~60cm(근경과 줄기에 잎이 붙음)
용도 마당심기용, 화분용, 꽃꽂이용, 조발용
참고 이 꽃은 떡잎이 크고 줄기가 길지만 바위화단이나 화분용으로도 풍취를 물씬 풍긴다.

치 자(梔子)
학명 Gardnia Ellis(英·Gardnia)
분류 치자나무속·상록저목, 반내한성
원산지 중국, 한국, 일본의 관동이서(以西)
재배 중부 이북에서는 온실보호하며, 번식은 꺾꽂이로 한다. 난지성의 꽃나무이므로 추운 곳은 적당하지 않다. 4~6월에 정식하면 6~8월에 마치 백장미같은 고운 꽃이 핀다. 산성 토질은 배수가 잘 돼야 하고 토양이 깊고 습기가 있음이 좋다. 응달에서도 잘 자라고 유기질비료나 부엽토가 좋다. 병충해에 약하므로 방제가 필요하다. 잎은 타원형. 꽃빛 백색
키 70cm~2m
용도 정원목용, 분재용, 열매는 식용과 약용
꽃말 순결, 깨끗함.
참고 치자나무는 왜성(30~40cm) 나무가 있다. 꽃잎은 향기가 좋아, 홍차용으로 쓰고, 열매는 널리 가정에서 염료로 쓴다.

칡 풀(葛草)
학명 Pueraria lobata Ohul.(英·Arrowroot)
분류 콩과 칡속·덩굴성 다년초
원산지 한국, 중국, 일본에 분포함.
재배 이 칡풀은 그 뿌리의 약용으로 동양사회에서는 널리 알려진 산지야생초이다. 늦여름과 가을에 15~20cm의 이삭 화방이 잎옆에 생기고 자주색의 도라지꽃형의 꽃이 수십 개 총채처럼 핀다. 줄기는 나무밑둥이 되며, 일광이 좋은 곳에서는 번식력이 강한 덩굴을 이루기 때문에 원예재배로 적당치 않다. 잎이 크고 줄기가 얽힘.
꽃빛 자주빛색
키 10m 이상
용도 뿌리가 길고 크다. 갈분이 전분으로 갈탕과 갈떡에 쓰이고 칡차나 감기약으로도 쓰임. 갈포(葛布)도 만듦.
참고 야생종으로 여러 가지 용도가 있으나 너무 남발하였기 때문에 산지예방이 필요함.

카아네이션
학명 Dianthus caryophyllus(英·Carnation)
분류 석죽과 패랭이속·다년초, 1·2년초
원산지 남유럽, 서아시아
재배 배수가 잘 되고 양지바른 곳에 잘 자라고 다비(多肥)재배를 요하며, 동기에는 서리막이가 필요함, 씨받이나 육묘에 쓰는 흙은 소독을 해서 잡균을 없애야 한다. 원예재배에는 전용 비료가 요망된다. 유충(油虫)예방을 한다. 온실재배는 대륜의 겹꽃을 사철 개화시킨다. 화단과 화분심기는 가을심기로 하지만, 봄에 파종하여 반응달에서 여름을 보내고 가을을 거쳐 이듬해 봄에 개화함.
꽃빛 주홍색, 분홍색, 백색, 황색
키 30~60cm, 왜성종은 10~20cm
용도 화단용, 화분용, 꺾꽂이용, 생화재료용
꽃말 상심(紅), 모멸(黃), 열애(도화색) 등
참고 다색이어서 꺾꽂이에 대량 소비된다.

칸 나
학명 Canna generalis Bailey(英·Canna)
별명 꽃칸나
분류 칸나과 칸나속·불내한성 봄심기 구근초
원산지 열대 및 아열대지방
재배 구근은 반드시 3℃ 이상으로 저장함. 본성이 강하여 일광이 좋고 경토가 깊은 곳을 좋아함. 심한 건조를 피하고 비료만 잘 주면 꽃이 잘 핀다. 마른 땅에 자랄 수 있다. 2~3구씩 분구로 심고 10~15cm 정도 흙을 덮는다. 왜성종이 칸나의 본성이나 개화 후에도 성장한다. 3~4월에 정식, 5~11월까지 개화한다.
꽃빛 적색, 황색, 백색, 핑크, 얼룩이색
키 60cm 내외와 1~1.5m 종이 있다.
용도 화단용, 화분용 공원의 군락용
참고 꽃칸나는 프랑스칸나로도 불리며, 이탈리아칸나에 세 종이 있으나 꽃칸나만도 200종을 헤아린다.

칼 라
학명 Zantedeschia Spr.(英·Calla)
분류 토란과·반내한성 봄심기, 구근초
원산지 남아프리카(유럽에는 네덜란드가 처음 이식)
재배 품종에 따라 다소 차이는 있으나 통풍이 잘 되는 습기가 있는 땅을 좋아하지만 일광도 좋아야 한다. 밭작용 종류는 배수가 좋은 반응달의 비옥한 땅이 적합하고, 화분재배는 겨울에 후레임 또는 서리막으로 방한에 유의해야 함. 번식은 주먹크기의 괴상(塊狀) 구근의 분구로 이루어지며, 본래 야생종으로 군락한다. 대체로 한 포기 한 꽃이나 다화성이 있으며 2~3월 정식, 6~7월에 개화한다.
꽃빛 백색, 황색, 연한 주홍색 품종이 있다.
키 잎이 여러 개, 꽃키는 40~50cm
용도 정원용, 화분용, 꺾꽂이용
꽃말 장한 아름다움

캄파뉴라
학명 Campanula punctata(英·Bell-flower)
별명 초롱초(草籠草), 초롱꽃
분류 도라지과 초롱꽃속·내한성 숙근다년초
원산지 북반구온대, 지중해연안
재배 화단과 화분의 원예종류는 부엽토 따위를 많이 준 용토에 자갈모래를 섞어준다. 더위에 강하나 배수와 일조가 좋은 곳이면 되며, 다소 응달이 지는 곳이 더 적합하다. 종자와 포기나누기로 군락생산도 함. 개화는 5~6월, 6~9월에 하는데 품종과 가을·봄심기에 따라 다르다.
꽃빛 백색, 보라색, 주홍색, 연한 황색, 청색
키 왜성종(10~15cm), 그 밖에는 40~60cm
꽃말 감사, 성실
참고 이 꽃은 종형(鍾形)의 꽃이 한 줄기에 여러 개 초롱처럼 달리는 품종과 꽃잎이 별처럼 벌어지는 품종으로 대별된다.

코레우스
학명 Coleus blumei(英·Coleus)
별명 금란자소(金蘭紫蘇)
분류 코레우스속·봄심기 관엽(觀葉)1년초
원산지 열대, 아열대, 아시아, 태평양
재배 반응달, 배수가 잘 되는 곳이나 바람이 강하거나 햇살이 종일 비치는 곳은 부적당. 코레우스는 꽃이 아니고 잎의 색깔과 모양이 다양한 품종으로 원예대상이다. 보통 봄심기를 하며, 발아와 생육에는 20~30℃가 적당온도. 파종은 2~4월에 가급적 균일하게 뿌리고 얇게 복토한다. 아기잎이 5~10월에 개엽할 때가 이식의 적기이다.
꽃빛 품종에 따라 국화잎 초록과 주홍색 및 긴 잎의 얼룩이 진분홍, 보통 적색.
키 60~80cm(화분용은 30~40cm)
용도 화단용, 조발용, 화분용, 프란타용
꽃말 절망적인 사랑

코스모스
학명 Cosmos bipinnatus(英·Cosmos)
분류 국화과 코스모스속·봄심기 불내한성 1년초
원산지 멕시코
재배 가을을 대표하는 이 야생초는 본성이 강해 한국의 기후조건에 적합하다. 일광과 배수가 좋아야 하며 땅이 척박해도 상관없다. 발아적온은 15~20℃, 통상 3월 하순에서 5월 상순에 파종. 조기개화종은 2~3개월 후면 개화. 봄파종은 초하에 개화함. 9~10월꽃은 7월에 심어야 한다. 종묘이식도 박스육묘로 가능하다.
꽃빛 적색, 백색, 핑크, 청색 등
키 60cm~1m
용도 화단용, 공원용, 화분용, 꺾꽂이용 등
꽃말 조화, 소녀의 순정, 진심
참고 콜롬브스가 미대륙 발견 후 유럽에 전파. Kosmos는 고대 그리스어로 장식을 뜻함.

크랏슬라
학명 Crassula L.(英·Crassula)
분류 꿩의비름과 크랏슬라속·다육식물
원산지 남아프리카, 열대아프리카
재배 이 크랏슬라는 원산지에서뿐만 아니라 여러 나라에 이식되어 많은 재배종이 나오고 있다. 주로 온실과 실내식물로 재배되고 있다. 이 식물은 온난기 생육형과 냉량기 생육형으로 대별되고 있으나 거의가 혹서는 싫어하고, 춘·추에 생육한다. 봄·여름 사이에 생육관리의 대상은 동계에는 재배실에 수용하고 절수시에 휴면시킨다. 그와 반대로 여름에 휴면하는 품종도 그와 같다.
꽃빛 C. 테레스(백색), C. 팔카타(홍색), 주홍
키 20~40cm(실내화분용)
용도 실내화분용(많은 줄기종, 잣열매형)
참고 약 250종이 있으며, 그 재배법은 다른 선인장의 그것과 유사하므로 참고하기를 바람.

크로커스
- **학명** Crocus(C. colchicum은 가을꽃종)
- **별종** 크로커스는 Spring. C(봄꽃), Autumn. C (가을꽃), Winter. C(겨울꽃)로 3종 명칭이 모두 다름.
- **분류** 붓꽃과 사프랑속·내한성 구근초
- **원산지** 지중해연안
- **재배** 크로커스는 어디서나 월동할 수 있다. 양지바른 모래질토양에 심으면 재배는 쉽고, 싹눈이나 뿌리가 빨리 자라며 5~8cm 간격으로, 4~5cm의 흙을 덮어주면 된다. 잔디밭심기는 막대기로 땅에 구멍을 뚫고 구근심기하면 된다. 뿌리는 쥐가 먹으므로 예방하고, 소량비료로도 잘 자란다. 매년 파내면 알이 굵어진다.
- **꽃빛** 백색, 진분홍색, 자주색, 황색
- **키** 40cm 안팎
- **용도** 화단용, 화분용, 꺾꽃이용, 물재배용
- **꽃말** 초조함, 청춘의 환희

클레마티스
- **학명** Clematis hybrida Hort.(英·Clematis)
- **분류** 미나리아제비과 참으아리속·다년생 덩굴초, 반내한성
- **원산지** 한국, 일본, 남서유럽, 서남아시아
- **재배** 유종인 위령선(威靈仙)과 철선(鉄線)은 중국과 한국에서 약제로 알려져 있는 줄기가 많은 덩굴식물임. 원예재배에는 많은 개량종이 나와 꽃잎이 8편에서 6편과 4편으로 변종됨. 보수성(保水性)이 좋은 중성 토양이 적합함. 생육적온은 20~25℃이며 여름은 반응달에 둔다. 화분심기묘는 엄한기 이외의 계절, 지면묘심기는 2월과 장마초기 및 9월에 함. 개화는 5~11월.
- **꽃빛** 자주색, 담청색, 황색, 보라색
- **키** 관목덩굴(50cm~1m), 화분용(20~30cm)
- **용도** 정원목용, 화분용, 생화재료용, 차화용
- **꽃말** 고결함
- **참고** 야생종과 원예종은 꽃과 풍취가 다르다.

튤울립
- **학명** Tulipa Fosteriana(英·Fosteriana Tulipe)
- **별명** 울금향(鬱金香)
- **분류** 나리과 튤울립속·내한성 구근초
- **원산지** 중앙아시아
- **재배** 이 품종은 전형적인 화단과 감상용으로 개량되어 조생종, 중생종, 만생종으로 개화시기에 따라 대별된다. 포스타리아계는 4월에 개화하는 중생종. 개성과 집단미가 합치된 꽃으로, 3월 하순에 개화하는 조생종과 4월 상순에 피는 중생종, 5월에 피는 만생종이 있다. 일조와 배수가 잘 되고, 겨울에는 습도가 높고 여름에는 건조한 지역이 적격이다.
- **꽃빛** 진홍색, 개량종은 백·황색
- **키** 15~20cm 및 30cm
- **꽃말** 박애, 명성, 사랑의 선고
- **참고** 다른 교배품종이 많다.

파초(芭蕉)
- **학명** Musa basjoo Sieb.(英·Plantain)
- **분류** 파초과 파초속·광엽 다년초
- **원산지** 중국
- **재배** 파초는 주로 동양의 광엽식물로 정원이나 분재에 애용되어 왔다. 대형의 다년초로 둥치를 이루는 잎줄기가 뭉쳐진 것이며, 2~3년간 성장 후에 꽃이 피면 곧 시들어 버린다. 바나나 종류의 열매를 맺을 수도 있다. 일본의 오끼나와에서도 자란다. 일광과 고온다습의 토질이 적합하다. 재배가 쉽기 때문에 정원용으로는 널리 애용된다. 공개홀의 화분용도 된다. 애기파초의 꽃은 침상(針狀)이다.
- **꽃빛** 진홍색, 적등색의 포(苞)가 좋다.
- **키** 왜성(20~30cm, 화분용), 2~3m
- **용도** 정원용, 공원용, 화분용
- **참고** 파초는 겨울에는 시들며, 그 부채꼴의 잎과 美人蕉(미인초)로 불려지는 꽃이 매력.

팔손(八手)
- **학명** Fatsia japonica Decne.
- **분류** 오가목과 팔손속·상록저목 반내한성
- **원산지** 일본(구주, 사국, 오끼나와)
- **재배** 이 팔손은 일본원산으로 우리나라에도 대량 수요되고 있다. 재배는 음수(陰樹)이기 때문에 내음성이나 건조한 한풍을 싫어함. 건조지 이외에는 아무 토질도 무방함. 뿌리심기는 4월 이후, 과도로 큰 포기그루는 7월에 전정을 함. 번식은 종자나 삽목을 한다. 4월에 30cm 정도의 줄기를 그늘에 꽂아두면 9월에 발근하고 배양토를 준다. 10~11월에 가지 끝에서 방사형의 암수의 백녹색의 꽃이 핌.
- **꽃빛** 백녹색(열매는 다음해 5월에 검게 익음)
- **키** 2~3m
- **꽃말** 분별
- **참고** 이 팔손나무는 손바닥형의 대형엽신이 7~8쪽으로 갈라짐. 톱니형으로 애용됨.

팥꽃나무(沈丁花)
- **학명** Daphne odora Thunb(英·Daphno)
- **분류** 심정화과 심정화속·상록저목꽃나무
- **원산지** 중국
- **재배** 이 다프네과 꽃나무는 중남미, 아프리카 북부, 유럽 남부와 아시아지역에도 유종이 있으며, 이를 서양심정화 곧 다프네라고 부른다. 동양의 심정화는 심향(沈香)이라는 향기와 열매가 있고, 줄기의 경피는 제지(製紙)용이다. 재배는 일광과 배수가 잘 되는 곳이면 되나 반응달에서도 꽃이 피며, 3~4월에 정식하면 이듬해 3~4월에 개화함. 성장목의 이식은 주의를 요한다. 미성장목의 뿌리가 좋다.
- **꽃빛** 화판(花瓣)이 없다. 백색, 연분홍색
- **키** 1m 안팎(화판 대신 꽃받침이 더 커 보인다)
- **용도** 정원용, 공원용, 화분용, 담장용
- **꽃말** 영광, 불사조

패랭이꽃
학명 Dianthus sinensis(英·Pink)
별명 석죽화
분류 너도개미자리과 패랭이속·다년초, 1·2년초
원산지 유럽, 중국, 한국, 일본, 북미
재배 일광과 통풍이 좋은 곳, 유기질이 풍부한 비옥한 땅을 좋아함. 월년초이기 때문에 원예에서 한랭한 겨울은 서리막이가 필요함. 이 패랭이는 그 속류(屬類)가 많아 석죽화, 각시패랭이, 줄패랭이, 구름패랭이 등 다양하다. 원예재배에는 D. baratus가 환영받는 유럽원산으로, 꽃의 화포(花苞)에 초록의 수염이 있다. 보통 가을파종으로 월동시켜 초봄에 개화시킴.
꽃빛 흰 바탕에 주홍과 백색, 적색이 주
키 왜성 10~20cm, 줄기꽃은 50~90cm
용도 돌화단용, 화분용, 꺾꽂이용
꽃말 부인의 사랑

팬 지
학명 Viot tricolor(英·Pansy)
별명 Wittrockiana, 삼색바이오렛, 제비꽃
분류 제비꽃과 제비꽃속·가을심기 1년초
원산지 북유럽
재배 제비꽃은 대체로 산야의 야생종인데 비해 돌화단이나 화분용으로 원예대상의 꽃중심의 5판화이다. 고온다습에는 약하고 양지바르고 기후가 시원한 곳을 좋아한다. 재배는 8월 중순~9월 중순에 파종하고, 계분 등 퇴비를 주면 모세근이 발달, 생육이 빠르다. 2~3월에 개화하는 것은 제비꽃의 통성이다.
꽃빛 황색 중심에 검은 점, 자주점 및 홍색, 백색 등 다양하다.
키 20cm 안팎, 꽃줄기 5~6cm
용도 화분용, 화단용, 꺾꽂이용 등 장식용
꽃말 생각, 사상
참고 대륜계의 개량종과 소륜종으로 나뉜다.

페튜니아
학명 Petunia hybrid Vilm(英·Petunia)
분류 가지과 페튜니아속, 불내한성 1년초
원산지 아르헨티나 라브라다유역
재배 생육적기는 15℃ 이상, 발아온도는 20~25℃의 고온재배종. 파종은 한국의 중부 이남에서는 7월 중순까지 끝내면 60~70일 후의 6월 중순에 개화한다. 가을화단에는 6월중에 파종하면 9~10월경 개화하고, 가을 한가위경에 파종하면 이듬해 4월 하순에 개화한다. 그 동안 서리와 추위로 온실에서 보호해야 한다. 양달을 좋아하고 고습을 싫어함. 다비료를 요한다.
꽃빛 진홍색, 핑크, 백색
키 15~30cm(꽃가지가 다발하는 꽃)
용도 베란다, 화단, 박스, 화분용
꽃말 당신과 함께라면 마음이 놓인다.
참고 가정의 베란다, 현관 등에 애용되는 개량종으로 여름의 정취를 돋보이게 한다.

포인세티아
학명 Euphorbia pulcherrima Willd(英·Poinsettia)
별명 홍성초, 크리스마스 플라워
분류 등대초과 유호르비아속·열대꽃나무
원산지 멕시코
재배 이 포인세티아는 목본성 관엽식물(木本性 觀葉植物)이라는 것이 원예상의 근본해석이다. 그것은 꽃보다도 상록의 넓고 큰 타원형의 잎이 밑받침이 되고, 그와 비슷한 포엽(苞葉)이 진홍빛으로 다시 덮싸고, 가운데 줄기의 정상에 꽃술 같은 것이 꽃이다. 재배상 주의는 고온성식물이므로 그늘과 습기를 피해야 함.
꽃빛 한 포기의 여러 개 포엽에 황색·적색·백색·녹색 등 한줌의 꽃이 보인다.
키 화분용은 20cm 정도, 지면용은 1~3m
꽃말 나의 마음은 타고 있다. 축복한다.
참고 주로 겨울의 실내화분의 관상용이다.

풍 란(風蘭)
학명 Neofinetia falcata Hu.
분류 난과 풍란속·착생란
원산지 한반도, 중국, 일본
재배 풍란은 흔히 부귀란(富貴蘭)으로 불리며 고전문화에도 기여했다. 복륜형(覆輪型)과 호반형(縞斑型)의 품종은 잎의 무늬와 색깔로 구별되나 착색원종의 꽃은 백색, 잎은 상록이다. 재배는 그늘진 곳에서 자라며 비료는 무용이며, 특수화분에서 재배한다. 착생란은 포기 전체가 온화한 지역의 노목의 나무기둥에 뿌리를 내린다. 화기는 6~7월
꽃빛 백색(화판은 선상피침형)
키 잎(5~10cm), 꽃(10m)
용도 전통원예식물로 화분재배가 성행함.
꽃말 부귀(같은 종속에 鳥頂蘭이 있음)
참고 화분재배에는 아침 2~3시간 일조를 시키며, 이끼종류로 뿌리를 감싼다.

프리뮬러(1)
학명 Primula polyantha(英·Polyanthus Primrose)
분류 벚꽃초과 벚꽃초속·내한성 숙근초
원산지 한국, 중국, 동부시베리아, 일본원종과 서양화와의 교배종이 유럽원산종.
재배 여기서는 프리뮬러 중의 폴리안타종과 말라꼬이테스종의 두 대표종을 다룬다. 그 밖에 오프코니카종 등이 대표적이다. 재배는 더위와 과도난방을 싫어하고, 여름은 그늘, 춘추는 양지바른 곳, 겨울은 4시간 햇빛을 쪼인다. 종자를 화분과 프란타에 5월과 9월에 심으면, 이듬해 4~5월에 개화하는데 온실재배로 겨울개화도 한다.
꽃빛 적색, 황색, 백색, 보라얼룩이 등
키 15~20cm 안팎
용도 화단·프란타, 화분용
꽃말 부귀, 자만심, 신비한 마음

프리뮬러(2)
학명 Primula malacoides(英·Fairy Frimrose)
분류 벚꽃초과 벚꽃초속·내한성 1년초
원산지 동북아시아 원산의 벚꽃초(櫻花草)속의 화초를 수입 개량한 서양벚꽃의 한 품종이다. 중국 원산지에서는 보춘화(報春花)로 말해 왔다. 벚꽃초는 야생종에서 개량된 품종이다. 지금은 세계 각지의 원예재배로 품종이 500종이나 된다. 재배는 20℃ 이상에서 발아하고 종자심기의 발아에서는 햇빛이 필요함. 4~6월에 파종하여, 묘상관리를 잘 하면 11~2월에 조기개화를 봄. 화경이 자란 후 이어서 개화하는 다화성임.
꽃빛 자주색, 핑크, 백색, 보라얼룩이
키 15~20cm
용도 화분, 프란타, 조발용
참고 꽃말은 다른 품종과 같이, 유럽이나 동양의 시인들에게 보춘화로 애용된 꽃이다.

프리지어
학명 Freesia refracta(英·Freesia)
분류 석산과(石蒜科)프리지어속·반내한성, 가을심기 구근초
원산지 남아프리카
재배 열대식물이므로 월동온도는 0℃ 이상으로 하고, 일조와 관수가 잘 되는 토지를 택한다. 고온다습을 싫어하며 야외재배도 남쪽지방에서는 가능하나, 서리를 막아야 한다. 11~12월에 10cm 정도의 깊이로 구근을 심는다. 밭작도 가능하며 깻묵, 액비(液肥)를 주고, 정식은 15℃ 이상의 시기에 하며, 3~4월에 개화함.
꽃빛 적색, 황색, 백색, 핑크 등
키 20~30cm
용도 화분, 꺾꽃이용
꽃말 순결, 청결
참고 구근재배로 밭작을 하면 대량생산이 가능하므로 도시의 수용에 공급한다.

플 록 스(宿根)
학명 Phlox paniculata L.(英·Phlox)
분류 꽃창포과 플록스속·숙근 다년초
원산지 북아메리카
재배 이 플록스는 유럽에 이식되어 정원이나 도로변에 대대적으로 애용되는 꽃이며, 종류는 크게 직립성과 줄기가 땅바닥에 번지는 것으로 구분된다. 여기서는 직립성 숙근초를 다룬다. 재배는 일조와 배수가 잘 되는 곳이면 아무데나 자라며, 번식은 포기나눔, 삽목, 구근심기 등이며, 화단용은 먼저 화분육묘를 한 후에 정식으로 함. 꽃술을 따고 나면 많은 가지가 나고 화기도 길어짐(7~9월사이).
꽃빛 백색, 주홍색, 도화색
키 75~120cm
용도 화단(옥내외·도로변 군생용)
꽃말 동의(同意), 온화, 활성이 없음.
참고 꽃협죽도 혹은 화괴초라고도 함.

하이비스커스
학명 Hibiscus L.(英·Hibiscus)
분류 접시꽃과 목부용속·상록저화목
원산지 중국남부, 인도 등
재배 이 꽃은 세계적인 원예화로 알려져 있으며, 하와이품종이 주이며, 말레이지아의 국화(國花)이다. 부용속만 250종이 있다. 재배는 일광을 좋아하고 그늘에 오래 두면 꽃이 안 핌. 물이 많아도 뿌리가 썩는다. 가지가 굵고 잎이 두텁고 꽃수가 적다. 접목의 번식이 빠름. 온실재배는 최저 10℃를 유지하면 큰 그루가 됨. 4~10월까지 꽃이 핌. 두어송이품종과 다화품종이 있다. 한여름은 꽃이 적어지고, 화분을 옮겨놓음.
꽃빛 주홍색, 담황색, 백색이 주종
키 왜성(10~30cm), 중성(1m 안팎)
용도 정원담장용, 화분심기용
참고 꽃이 5판화로 매우 화려함이 특징이다.

한국 나팔꽃
학명 Datura L.(英·D. tatula)
별명 다튜라(한국 나팔꽃은 국제학회 공인명칭임)
분류 가지과, 한국나팔꽃속·다년초(1년초) 저목
원산지 중남미, 인도, 근동지방
재배 이 한국종 나팔꽃은 안과용 유독식물로 약용재배를 한다. 원예대상으로 D. moteloides는 다년초로 뿌리와 잎이 가지와 유사하다. 재배에는 일광과 배수가 좋은 땅에 많은 비료를 준다. 꽃은 상향과 하향의 목이 긴 나팔형. 가지에 가시 돋친 둥근 열매가 열린다. 파종은 봄에 하고 5월에 묘목을 심으면, 한여름(7·8월)에 1m 이상의 많은 줄기에서 개화함.
꽃빛 백색에 초록빛, 분홍색 등
키 80~100cm
용도 화단용 큰화분심기, 양재용

한국 오미자(韓國 五味子)
학명 Schisandra kokenansis Baill.
분류 목련과·덩굴성 낙엽목성
원산지 한반도, 중국, 일본(九州·北海道)
재배 이 오미자는 중국에서 칭호를 정한 것이지만 특별히 열매를 약재로 쓰는 식물로서, 한반도의 특정한 명산물이다. 덩굴식물로 줄기는 갈색, 잎은 타원형, 5~7월의 새 가지에서 황백색의 꽃이 한 개 하향으로 핀다. 중용수를 주며 일광과 그늘의 양쪽에서도 자란다. 가급적 비옥한 땅이 좋으며 전정은 적당히 하고 이식은 개엽 전에 한다. 번식은 종자의 경우 저장했다가 3~4월에 심는다.
꽃빛 이 오미자는 꽃나무는 아니다.
키 저목성과 중목성의 중간이다.
용도 대소의 빨간 열매는 정원용, 화분용으로 쓰이거나, 열매의 약용으로 쓴다.
참고 흔히 오미자차(茶)로도 쓰인다.

한 련 화(旱蓮花)
학명 Tropaeolum majus L.(英·Nasturtium)
별명 금련화(金蓮花), 나스타티움
분류 나스타티움과 트로파오람속·숙근, 1년초
원산지 남아메리카(브라질, 페루 등지)
재배 원예상으로는 나스타티움이라는 통칭을 사용하고, 우리나라에서도 애용되고 있는 5판화로 널리 금련화로도 통한다. 재배는 봄심기 식물로 발아온도 20~25℃이며, 4~5월에는 파종이나 이식도 가능하다. 8~10월에 개화하며, 특히 잎이 연꽃잎과 유사한 1m 정도의 줄기덩굴로 척박한 땅이 좋음.
꽃빛 담홍색, 황색, 백색, 보라색(겹꽃종임)
키 왜성종(20cm), 잎과 덩굴은 넓게 퍼짐.
용도 화단, 화분심기, 조발용
꽃말 애국심
참고 지상의 포복성으로 시원한 인상을 준다.

해 당 화(海棠花)
학명 Malus halliana(英·Sweet briar)
별명 Rosa rugosa, M. micromalus
분류 장미과 능금속·낙엽중(저)목, 꽃나무
원산지 중국, 히말라야, 한국, 북미
재배 통기가 잘 되고 일조와 배수가 적당한 곳. 약간의 품종차가 있으나, 왜성종은 할리하나의 분재배양이 전정을 잘 하면 50cm 높이로 꽃을 볼 수 있다. 겨울부터 질소, 인산, 칼리 등을 배합하여 시비한다. 묘목배양에 자주 시비를 한다. 전정은 11~2월 사이. 5~6월에 꽃이 피었다 진다. 잔가지에 꽃이 핀다.
꽃빛 주홍색, 분홍색
키 고성종(5~8m)
용도 공원, 정원수, 분재, 담장수용
꽃말 선녀의 불꽃, 온화
참고 해당화는 우리나라에서는 동해안 강릉 이북과 해안지대에서 흔히 보인다.

해바라기(蜀葵花)
학명 Helianthus annuus L.(英·Sunflower)
별명 향일규(向日葵), 일륜초(日輪草)
분류 국화과 해바라기속·봄심기, 1년초
원산지 아메리카 중서부
재배 이 해바라기는 그 향일성의 특색 때문에 우리나라에 잘 알려진, 어디서나 자라는 식물이다. 재배상으로는 일조와 배수가 잘 되는 땅이 좋으나, 비료를 많이 줘야 한다. 4~6월에 씨뿌리고 고성종은 60cm 간격, 복토는 1cm 정도, 1m 정도의 키에는 받침나무를 한다. 너무 땅이 건조하면 잎이 지기 쉽다. 관수를 충분히 하는 것이 좋다. 화기는 한여름
꽃빛 화경(30cm), 황금색, 판상중심 흑색과 황색 또는 초록, 펜지색도 있음.
키 왜성종(30~50cm), 고성종(2~3m)
용도 화단, 꺾꽂이, 식용, 공업용
참고 해바라기는 남미 페루의 국화이다.

해 빈 송(海濱松)
학명 Limonium wrightii O. Kuntze
분류 해빈송과 해빈송속·저목상, 다년초
원산지 한국, 일본, 대만
재배 이 해빈송은 우리나라 식물학계에서 정해준 명칭이 아니고 일본의 이소마츠(磯松)를 번역한 것이다. 우리나라 해변에서는 동남해에서 자생하며 불내한성이다. 재배는 해안에서만 자라는 식물이나 원예재배가 가능하며, 일조와 배수가 잘 되는 모래질 땅이면 된다. 여름에 가지 끝에 화경이 뻗고 자색의 꽃이 싹모가 갈라져서 핀다. 꽃은 통상(筒狀)과 종형(鍾形)이 있음.
꽃빛 자색, 황색
키 30cm(잎은 2~4cm)
용도 화분심기용, 감상용
참고 화분용의 황색꽃은 L. tetragonum이라고 하여 2년초이며, 키(30~60cm)도 크다.

헤메로칼리스
학명 Hemerocallis L.(英·Hemerocallis)
별명 디릴리(De-lily)
분류 나리과 원추리속·가을심기, 반내한성다년초
원산지 한국, 중국, 일본
재배 이 헤메로칼리스는 한국, 중국의 들과 해안에 야생하는 야생나리꽃을 원예종으로 개량한 품종의 총칭이다. 따라서 재배는 추위와 더위에 강하고, 일광을 좋아하나 토질은 아무데서나 군락을 이룬다. 번식은 가을에 뿌리나눔을, 봄과 가을에는 실생(實生·종자)을 한다. 유충(油虫)에 조심. 화기는 6월 상순부터. 화경이 24cm인 꽃과 5cm 꽃 등 다양하다.
꽃빛 주홍색과 황색이 주종임.
키 야생나리꽃과 같음(40~60cm).
용도 화단, 화분심기용, 꺾꽂이용
꽃말 미태(媚態), 아양떨기

협 죽 도(夾竹桃)
학명 Nerium indicum Mill(英·Rosebay)
분류 협죽도과 협죽도속·상록 중·저목, 꽃나무
원산지 인도, 중근동
재배 인도가 원산이나 한국에도 일찍 도래하여 가끔 볼 수 있다. 중국을 거쳐 왔기 때문에 꽃과 잎이 복숭아와 대를 닮아서 붙여진 한명(漢名). 재배는 일광만 좋으면 공해나 토질에 관계없이 잘 자란다. 품종에 따라 추위에 강한 것과 약한 것이 있음. 번식은 5월 하순에 가지를 10여cm로 잘라서 적토나 모래에 삽목한다.
꽃빛 담도색, 홍색, 백색, 담황색
키 1~4m(가지갈래가 많아 꽃도 많음)
용도 정원목, 가로수, 화분용
꽃말 심각한 우정, 위험, 친우(赤花)
참고 나무의 수액은 독성, 수피와 뿌리는 강심제의 약용임.

호스타
- **학명** Hosta Tratt(英·Hosta)
- **분류** 나리과 호스타속·식용 다년초
- **원산지** 동아시아의 아한대·온대(한국, 일본)
- **재배** 이 호스타는 야생종으로 산야에 자생하나, 원예종으로 개발됨. 잎이 대형 떡잎모양으로 산채(山菜)로 식용함. 재배는 토질은 상관없고 마당구석의 응달(반일)이 최적임. 시비는 적은 편이 좋고 비료를 잘못 주면 백견병(白絹病)이 생겨 통채로 소각해야 한다. 무서운 악성병임. 번식은 춘·추에 포기나눔을 하고, 파종은 가을씨받이를 봄에 심는다.
- **꽃빛** 백색(비녀형), 도화색(꽃줄기가 길다)
- **키** 20~30cm(화분용), 40~60cm(정원용)
- **용도** 화단심기, 화분, 생화재료, 꺾꽂이용
- **꽃말** 침착
- **참고** 제주도 특종은 소형잎의 품종으로 유명함. 잎의 색깔이 여름에 청량감을 줌.

호첩란(胡蝶蘭, 팔라에노)
- **학명** Orchidaceae phalaenopsis Bl.(英·O. phaleno)
- **분류** 난과 팔레노프시스속·온실 및 실내재배의 다년초·착생식물
- **원산지** 동남아시아, 인도 북부
- **재배** 이 품종도 양란에 포함되나 한국, 중국, 일본 등에서는 호첩란의 이름으로 알려져 있다. 물론 수목의 5~10m 높이에 착생하는 꽃이나, 원예재배로 분종이 되고 있다. 재배는 배수가 잘 되는 습지에 그늘진 응달이 좋고, 혹서에는 약해 일광을 피하고, 소금기에 약하다. 개화기는 1~3월과 4~6월의 두 종이 있다. 꽃수명 10일.
- **꽃빛** 무늬와 점박이의 백색, 황색, 분홍색
- **키** 20~90cm 정도(화경은 3~8cm)
- **용도** 꽃꽂이용, 꺾꽂이용, 부케용
- **꽃말** 우아한 여성

화만초(華鬘草)
- **학명** Dicentra spectabillis DC.(英·Bleeding Heart)
- **별명** 등모란(藤牡丹), 영락모단(瓔珞牡丹)
- **분류** 개자과(芥子科) 깨풀속·춘추심기 다년초
- **원산지** 중국
- **재배** 불교가람의 장식물 화만(華鬘)을 닮았다고 해서 중국에서 일찍 화만초로 호칭되어 세계에 이식됨. 재배는 석양빛이 쪼이는 반그늘이 좋으나 배수가 잘돼야 뿌리가 병들지 않는다. 춘추가 묘심기의 적기이며 4~6월에 심장형의 꽃이 핌. 화단에 4~5년 그냥 두고 부엽토를 주며 포기나누기도 됨.
- **꽃빛** 주로 도화색에 흰 꽃술이 보임.
- **키** 30~60cm, 줄기에 방울꽃이 병렬함.
- **용도** 마당심기, 화분용
- **참고** 한여름에는 지상줄기가 말라 죽음.

황화(黃花)코스모스
- **학명** Cosmos sulphureus Cav.
- **분류** 국화과 코스모스속·불내한성 1년초
- **원산지** 멕시코
- **재배** 이 코스모스꽃은 이름 그대로 황색꽃이나 오렌지색꽃밖에 없었으나, 원예종으로 새로 썬세트품종이 개발되어 진홍색의 꽃도 있다. 재배는 일광과 배수가 좋은 곳이 어떤 토지라도 무방하며, 생육의 적온은 20~25℃이며, 종자는 검고 길쭉함. 프란타심기에는 미리 7cm 포트에 종자를 뿌린다. 추위에 약한 봄심기 1년초. 각 품종은 5월심기 8월개화를 함.
- **꽃빛** 황색, 오렌지색, 진홍색
- **키** 60~80cm(최고 90cm), 꽃지름 6cm
- **용도** 화단용, 프란타용
- **꽃말** 야성미
- **참고** 썬세트, 디아브로, 브라이트라이트 등의 품종이 일본, 미국에서 개발되었다.

후박(厚朴)나무
- **학명** Magnolia obovata Thunb(英·Magnolia)
- **분류** 목련과 목련속·낙엽고목, 꽃나무
- **원산지** 한국, 중국, 일본에 분포
- **재배** 이 후박나무는 주걱형의 잎이 크게 5엽으로 갈라지는 중심에 꽃이 피고 꽃이 지고 나면 주먹만한 대과(袋果)가 매달리고 씨앗은 그 속에 있다. 재배는 일광이 충분한 곳이 좋고, 전정은 본래 하지 않으나 좁은 마당에서는 필요함. 비옥한 계곡이나 땅에 잘 자라며, 5~6월에 15~20cm 크기의 꽃이 피고, 잎은 폭 10~25cm의 계란형이며, 만추에는 열매가 성숙하여 홍자색(紅紫色)이 됨.
- **꽃빛** 황백색
- **키** 높이 30m, 직경 1m의 고목
- **용도** 마당심기, 공원수, 건축자재용
- **참고** 잎은 떡잎으로 시골에서 밥이나 떡을 싸는데 씀. 꽃은 향기가 번지며, 목련과 같다.

히비스커스(海芙蓉)
- **학명** Hibiscus. et Zucc.(英·Hibiscus)
- **분류** 접시꽃과 부용속·낙엽저·화목
- **원산지** 한국 남부(제주도), 일본 각지
- **재배** 목부용(木芙蓉)속으로 무궁화, 목부용과 같은 접시꽃을 피운다. 그 원산지인 한국의 제주도 해변에 자생한다. 재배는 불내한성이므로 난대의 바닷물이 드는 갯벌이 주성장지임. 7~8월에 가지 끝의 잎이 피는 자리에 황색의 꽃이 피는 5판화로 중심 꽃술의 주위는 검붉다. 열매는 달걀형이며 10~11월에 익는다. 사질토에 비료를 많이 주며 접목, 종자심기를 함.
- **꽃빛** H. tiliaceus는 화경 8~10cm의 황색
- **키** 1~3m, 잎은 소형(3~7cm), 대형(10~20cm)
- **용도** 정원목과 분재용으로 적격이다.
- **참고** 이 해부용은 꽃이 무궁화와 유사하며, 남부지방에서 정원목, 분재용으로 심는다.

세계의 국화(國花)

한국의 국화 무궁화

방울꽃   매화

재스민

황장미

국 명	국 화	국 명	국 화
가나	대추야자(椰子)	아프가니스탄	빨간 튤립
가봉	불꽃나무	에티오피아	칼라(네덜란드종)
과테말라	양란(洋蘭)	영국	장미(독그로오즈)
그리스	아칸더스	오스트레일리아	아카시아
남아프리카공화국	프로테아의 일종	온두라스	카네이션
네덜란드	튤립	우루과이	아메리카디코
네팔	철쭉꽃〔石楠〕	유고슬라비아	서양자두
뉴질랜드	회화나무 열매	이라크	장미(홍)
대한민국	무궁화	이란	열대수련(睡蓮)
덴마크	수련(睡蓮)	이스라엘	올리브나무
도미니카	마호가니	이집트	수련
라이베리아	후추나무〔胡椒〕	이탈리아	데이지
루마니아	장미(도크로오즈)	인도	연꽃
룩셈부르크	장미	인도네시아	재스민(보루네이종)
마다가스카르	나그네의 나무	일본	산벚꽃
말레이시아	하이비스커스	자마이카	유창목
멕시코	다알리아	자이르	향(香) 마호가니
모나코	카네이션	중화인민공화국	모란(牡丹)
모로코	장미	체코슬로바키아	보리수(菩提樹)
바르바도스	황호접(黃胡蝶)꽃	칠레공화국	코삐우에
바티칸	마돈나 백합	캄푸치아	벼
버마	홍산단화(紅山丹花)	캐나다	단풍
베루기	튤립	코스타리카	카틀레야(양란 일종)
보츠와나	수수(唐수수)	콜롬비아	카틀레야(양란 일종)
볼리비아	칸쯔타	타이	벼
불가리아	장미	터키	튤립
브라질	카틀레야(양란 일종)	튀니지	아카시아꽃
사우디아라비아	장미	파나마	파나마풀〔草〕
산마리노	시크라멘(가을꽃)	파라과이	밤축제꽃〔夜祝祭花〕
세네갈	벼	파키스탄	재스민
소련연방공화국	해바라기	페루	칸쯔타
스리랑카	연꽃	프랑스	방울꽃
스페인	카네이션	핀란드	독일방울꽃
시리아 아랍공화국	살구꽃	필리핀	말리 꽃(재스민 일종)
아르헨티나	아메리카디코	하이티	태양야자수
아일랜드	클로바	헝가리	튤립

세계 여러 나라의 국화 이야기

● **대한민국의 무궁화**

옛날부터 이 나라에 많이 자생하고 있었다는 사실과 여름에서 가을까지 피었다가는 시들고, 시들었다가는 다시 피는 끈질김과 강인함을 자손의 번영과 국운의 무궁함에 견주어서 만든 것이다. 또한 전해오기를 당(唐)나라의 황제(皇帝)가 여러 꽃들에게 「겨울에도 꽃을 피워라」라는 사리에 어긋나는 분부를 내렸을 때, 다른 꽃들은 그 말을 두려워하여 이를 따랐음에도 유독 무궁화만이 이를 거절하고 꽃을 피우지 않았다고 한다. 이러한 전설에 미루어 보아도 이 꽃은 외국의 침략에 견뎌온 그 국민성의 상징이라고 할 수 있다.

● **불가리아의 장미**

옛날, 시리아의 다마스쿠스에 젊은 이슬람교의 수도승이 있었는데, 아름다운 소녀와 금지된 사랑을 하고 말았다. 신(神)의 노여움을 산 소녀는 장미로 변하고 말았다. 이를 슬퍼한 수도승은 장미가 자라날 땅을 찾아서 여행길에 나섰다. 미지의 땅을 찾아 헤매었으나 장미를 피울 수가 없었던 그는 마침내 도달한 불가리아에서 아름다운 꽃을 피울 수가 있었다. 이러한 전설에 의하여 장미의 중요한 국토(國土)로서, 불가리아의 국화는 장미로 정해졌다고 한다.

● **시리아 아랍공화국의 살구꽃**

회교도(回敎徒)의 중요한 행사의 한 가지인 단식(斷食)은 이슬람교 달력의 9월에 1개월간 매일 일출에서 일몰까지 행해진다. 단식이 끝나고 맨 먼저 입에 넣는 음식으로 살구의 주스가 애용되고 있다. 그 때문에 그곳 국민들은 살구꽃에도 친밀감을 가지게 되어 정식으로 제정된 것은 아니나, 국화에 준하는 국민 애호의 꽃으로 인정되고 있다.

● **아르헨티나의 아메리카디코**

이 꽃나무가 자라는 현지명은 세이보라고 하며, 이 나무가 자라면 그 토지가 수몰하지 않는다는 전설이 있다.

● **오스트레일리아의 아카시아**

아카시아는 전세계에 767종이나 있으나, 그 중 400종 이상이 오스트레일리아를 원산지로 하고 있다. 또한 18세기 말에 영국에서 이 나라를 식민지로 삼아서 이주하여 온 사람들이 아카시아의 나무가지를 얽어서 지붕이나 벽으로 이용하였고, 지금도 양질의 가구 용재로 사용되고 있는 등 생활과의 관련이 깊다. 이 두 가지 이유 때문에 국화로 선정되었다. 다만 이 아카시아꽃은 한국의 아카시아와는 달리 황색이다.

● **이라크의 홍장미**

장미는 이슬람교도(회교도)에게 있어서는 「신성(神聖)한 꽃」이다. 그런 뜻에서 온 국민이 존경하고 애호하는 꽃으로 재배되고 있으며, 또한 동서 간의 장미를 교류하는 교차지의 역할 때문인지 이 나라에 자생하는 야생종이나 혼혈종(混血種)의 장미는 학술적으로도 중요시되고 있다.

● **이집트 아랍공화국의 수련**

이집트는 고대 문명의 발상지로 알려져 있으며, 지금으로부터 4천년 전부터 수련을 국화로 정하고 있다. 이집트의 땅과 그곳에 살아 있는 것에 생명과 부를 주는 나일강의 이곳저곳에 자생하며, 특히 푸른 꽃〔靑色花〕이 많은 수련은 이집트의 오래된 옛날부터 사람들의 애호를 받고 신성시되었다. 또한 「부활의 신」으로도 생각되어 미라의 위에 놓여지기도 하였다. 라메스 2세(B.C. 13세기)의 무덤에서는 청색과 백색의 꽃 조각이 발견되었다. 아랍의 각 공화국은 모두 이집트의 이러한 옛 풍속을 그대로 따라, 수련을 국화로 삼고 있다.

● **일본의 산벚꽃**

벚꽃은 일본도 그 원산지의 한 나라이다. 특히 산벚꽃은 일본 본토의 북방을 제외한 지역에 널리 분포하며, 역사·전설·국민 감정 따위로 하여금 이 꽃을 선택하였다. 국화(菊花)를 국화(國花)로 한다는 주장도 있었으나, 황실〔天皇家〕의 문장(紋章)인 국화보다는 더욱 서민적이며, 야성적인 벚꽃이 국민과 친근하고, 국화에 적합하다고 할 것이다.

● **칠레의 코삐우에**

이 꽃은 칠레에서만 자라나는 특산의 꽃이라는 점과 꽃이 빨갛기 때문에 독립전쟁 때 흘린 피를 영구히 기념하는 의미에서 선택되었다. 일종일속(一種一屬) 밖에 없는 희귀한 화초로, 동백꽃을 길게 늘인 것 같은 꽃(길이 7㎝정도)이며, 다른 나라에서는 비슷한 꽃이름으로 바꾸어 부르고 있다.

● **캐나다의 단풍**

이 나라의 국화는 꽃이 아니고 수목이다. 수목을 국화목으로 정한 나라도 결코 적지는 않다. 캐나다의 경우도 그렇거니와 삼림왕국(森林王國)인 캐나다에는 이 설탕단풍이 여러 곳에 분

꽃 중에서도 가장 많은(7개국) 나라의 국화로 지정되어 있는 장미

포하고 있기도 하지만, 또한 수액(樹液)에서 감미로운 메플시롭이 취해진다는 실용성이 국화로 선택된 이유로 간주된다. 잎은 단풍이 들면 꽃보다도 아름다운 홍단풍이 된다.

● **파키스탄의 재스민〔素馨〕**

회교의 교의는 공중 속이나, 남과 함께 어울리는 장소에 나갈 때 반드시 자기 몸에 향기를 지니도록 설교하고 있다. 교의(敎義)를 지켜야 하는 이 나라의 사람들에게 상쾌한 향기를 가진 재스민은 신앙을 상징하고, 동시에 생활 속에 침투되어 있다.

● **프랑스의 방울꽃**

프랑스의 옛날, 왕조 시대에는 국왕의 취향에 따라 국화가 백합이기도 하였고, 제비꽃이기도 하였다. 그러한 변천의 변천을 겪었음에도 불구하고 지금은 일정한 국화가 없다. 그러나 5월 1일에 이 꽃을 선물로 보내면 행복을 초래한다는 전래의 풍속에 따라 국민 애호의 꽃이 된 방울꽃이 국화 대신의 역할을 하고 있다.

● **필리핀의 말리꽃〔茉莉花〕**

말리꽃은 소형과 같이 넓게는 재스민의 일종이며, 현지에서의 이 꽃이름은 산빠기타이다. 재스민과 같이 방향이 강한 흰 꽃을 차 속에 넣어서 향기를 돋구는 데 쓴다. 이 꽃에는 옛날 웨이웨이 공주의 슬픈 이야기가 전해지고 있다. 공주의 약혼자인 왕자 가린이 나라를 지키기 위하여 전사를 한 것을 슬퍼한 나머지 공주도 병을 얻어 사망하고 말았는데, 그 공주의 무덤에서 자라난 꽃나무가 바로 말리 재스민이다. 이 전설에서 필리핀의 사람들은 옛날부터 말리꽃으로 사랑의 맹세를 했다고 한다. 그러한 친밀함과 차(茶) 속에 넣거나, 약용으로 사용하거나 하여 생활 속에 용해되어 있어서 국화로 선택되었다.

매화 *1*월

제비꽃 *2*월

팬지 *3*월

꽃이름	꽃 말
복수초(福壽草)	행복을 부른다
소나무	불로장생
동백(冬柏)	(백색)더 말할 수 없는 매력
제비꽃(자색)	성실, 백색은 순수
튜울립(적색)	사랑의 선고
매화(梅花)	충실, 고결, 귀품, 인내
산수유(山茱萸)	지속력, 오래 견딤
크리스마스 로즈	나의 불안을 진정시켜줘요
삼나무(杉)	견고(堅固)함
프리지어	순결, 맑음, 사무사(思無邪)
사프란	즐거움, 기쁨 속의 불안
리나리아	나의 사랑을 알아주세요
나팔수선(水仙)	존경, 짝생각
버들강아지	자유(自由)
심정화(沈丁花)	영광, 영원, 쾌락을 구한다

꽃이름	꽃 말
스노드롭	위안, 희망
제비꽃(황색)	자제하는 행복
앵초(櫻草)	소년시대의 희망, 비통
춘란(春蘭)	소박한 마음
세인트폴리아	작은 사랑
백목련(白木蓮)	장려(壯麗)함
황수선(黃水仙)	사랑으로 돌아와 주세요
설하(雪下)	박애, 절실한 사랑
황매(黃梅)	희망
동백(홍색)	겉치레하지 않는 우아미
군자란(君子蘭)	귀함
금봉화(金鳳花)	부귀, 여린 아이같은 마음씨
버드나무	비애, 추도함
헤리오트로프	헌신, 성실, 열망
미나리	가난하지만 고결함

꽃이름	꽃 말
아네모네	덧없는 사랑, 진실, 기대감
벚꽃	순결, 담백, 정신미
양치류(羊齒類)	겸손, 청초
딸기	선견지명
복숭아	사랑의 노예, 심성이 좋음
민들레	경솔, 사랑의 신탁, 생각는척
팬지	사상(思想)
데이지(적색)	무의식(無意識)
포플라	비탄, 애석, 용기
살구꽃	의혹, 처녀의 수오지심
아자레아	절제, 사랑의 즐거움
제라늄	결심
해당화	온화
쁘리남	부귀, 신비한 마음, 자만심
월계수	명예, 전승의 표창, 승리

●1년 12개월의 월별 꽃말

*7*월

꽃이름	꽃 말
채송화	나태
금어초(金魚草)	구설(口舌)쟁이
해바라기	당신은 멋지다
플록스	동의(同意), 만장일치
카네이션	(목줄임) 사랑의 거절
기생초(妓生草)	간절한 기쁨
나팔꽃	애착의 연줄, 가장
초롱수선화	슬픔, 가엾음
진저	당신을 신뢰합니다
치자꽃(梔子花)	청결, 청명
들패랭이	정절(貞節)
사르비아	불타는 생각
크레마티스	고결
올리브	평화
보리수	정열의 사랑, 결혼

*8*월

꽃이름	꽃 말
협죽도(夾竹桃)	심각한 우정, 혜택받은 사람
개양귀비(虞美人草)	나약한 사랑, 위안
분꽃	비겁함
황색코스모스	야성미
사보텐(선인장)	바람가시, 안스러워하는 처녀
하이비스커스	항상 새로운 미, 섬세한 미
부용(芙蓉)	섬세한 아름다움
석류(石榴)	원숙한 미, 자손의 보호
수련(睡蓮)	청순한 마음
칸나	존경, 정열, 견실한 삶
스노우플레이크	순결
살스베리	웅변
베토니카	충실, 견고, 정조
칼라	장대한 미
금잔화(金盞花)	비난, 이별을 슬퍼함

*9*월

꽃이름	꽃 말
도라지(질경이)	변치 않는 사랑
맨드라미	치레꾼, 정애, 기묘
봉선화	내게 닿지 마세요
마타리꽃	미인(美女)
다알리아	변덕쟁이, 영화, 우아미, 위엄
포도	환희, 박애, 도취
석산화(石蒜花)	슬픈 추억
연꽃	청정(淸淨)
삽주꽃	다치지 마세요, 반항, 무뚝뚝
마르멜로	유혹
아칸더스	미술, 기교
억새	세력, 활력
용담(龍胆)	정의(正義), 정확
천일홍(千日紅)	불후, 변치 않는 애정
초롱꽃	감사

양나팔

선인장

다알리아

글라디올러스 **4**월

라일락 **5**월

백합 **6**월

꽃이름	꽃 말
물망초(勿忘草)	나를 잊지 마세요
클로바	약속
아도니스	회상
금련화(金蓮花)	애국심
배	박애
모자초(母子草)	언제나 생각한다
능금	선택
아스타	아름다운 추억, 변화
무화과	풍부함, 다산(多産)
글라디올러스	견고, 용의, 밀회
오렌지	관용, 관대, 인심이 좋다
연화초(蓮華草)	감화, 고통을 덜어줌
등(藤)	사랑에 취함, 환영
아르메리아	심려를 한다
노란 딸기	질투, 후회, 선망

꽃이름	꽃 말
방울꽃	순결, 섬세
장미(핑크색)	만족
로베리아	정숙, 겸양
꽃창포	부드러운 마음씨
카네이션(적색)	상심, 사랑을 믿는다
모란	수오지심, 부귀, 장려
라일락	초련의 감동
아마릴리스	수다쟁이
장미(황색)	질투
호도	지성
무궁화	섬세한 미
에델바이스	존귀한 기억
레몬	성의, 성실한 사람
페튜니아	당신과 함께라면 마음 편함
차(茶)	추억

꽃이름	꽃 말
백합(나리꽃)	순결, 꾸미지 않는 미, 장엄
시계초(時計草)	신앙, 종교, 신심
매리골드	우정
작약(芍藥)	소심, 수치심
스위트 피	나를 기억해 주세요
붓꽃	좋은 소식
재스민	사랑의 밤샘
밤(栗)	나를 공평하게 보세요, 호사
카네이션	(핑크색) 열애
팔손	분별
접시꽃	단순한 사랑, 아양 떠는 사랑
달맞이꽃	가련한 사랑
안개꽃(백색)	맑은 마음
안개꽃(적색)	간절한 기쁨
일일초(日日草)	우정, 즐거운 생각

1년 12개월의 월별 꽃말 ●

10월 **11**월 **12**월

꽃이름	꽃 말
국화(황색)	사사로운 사랑
싸리꽃	생각
백일홍	이별한 친구에의 추억
국화(적색)	나는 사랑한다
코스모스	조화, 소녀의 순정
콜레우스	절망적인 사랑, 선량한 가풍
두견화(杜鵑花)	영원히 당신의 것
장미(백색)	순결
단풍(丹楓)	자제, 근신, 은퇴, 보존
은행(銀杏)	진혼(鎭魂)
박하(薄荷)	덕(德)
은목서(銀木犀)	초련(첫사랑)
국화(백색)	진실
작살나무	총명함
꿩의비름꽃	정온, 평온

꽃이름	꽃 말
사잔카	(백색) 이상적 사랑
으름덩굴	재능
유칼리	추억
금목서(金木犀)	겸손
목곡(木斛)	인정가(人情家)
산다화(山茶花)	(적색) 겸손
담쟁이덩굴(상춘등)	우정, 죽어도 헤어지지 않는다
공작선인장	예언
능금	(과실) 유혹
리코리스	슬픈 추억
들국화	상쾌함
루뻬너스	공상, 탐욕
황로(옻나무)	진심
마가목	신중, 조심
호랑가시나무	강직

꽃이름	꽃 말
카틀레야	우아한 여성, 마력
갈대	음악
모란채(牡丹菜)	축복, 이익
장미	(적색) 사랑, 연애
개사프랑	나의 최고의 날은 지났다
덴드로붐	자만심이 강한 미인
시네라리아	(자색) 괴로운 추억
시크라멘	수줍어함, 지나간 기쁨
안스륨	번민
란타나	당신은 완전합니다
베고니아	짝사랑, 친절
수양버들	슬픔, 서러움
아스파라거스	변화가 없다
포인세티아	나의 마음은 불타고 있다
시네라리아	(청색) 사랑의 고민

백장미

들국화

시네라리아

꽃 사전

원예용어집

가식(假植): 발아한 모종을 화분이나 화단에 본식하기 전에 한번 이식하는 것. 이렇게 해두면 작은 뿌리가 내려 본식 후에도 잘 자라게 된다.

가을 발아: 기후의 변화나 전지 또는 병충해 등에 의해 본래의 싹 틀 시기가 아닌 가을에 나오는 싹.

격년 결과: 1년 걸러 열매가 맺는 것. 귤이나 감과 같이 꽃이 피고 나서 열매가 익기까지 긴 기간을 요하는 과수에서 볼 수 있다. 해당 년에 열매가 지나치게 많이 열리면 다음해에 성장이 나빠져 꽃이 핀 후 과실을 솎아 내서 방지한다.

경종(硬種): 칸나, 나팔꽃, 수세미, 스위트피 등과 같이 껍질의 외피가 단단해서 물을 빨아들이지 않는 종자를 말한다. 보통 종피를 상처내서 발아시킨다.

고도화성(高度化成): 화성 비료 중, 질소·인산·칼리(비료의 3요소)의 함유량이 10% 이상인 것.

교잡종: 유전적으로 다른 개체를 교배해서 얻는 품종을 말한다. 신품종을 만들어내는 방법으로 인위적인 교배가 많이 행해지나 자연적으로 성립하는 경우도 있다.

구근 화초: 땅 속의 줄기나 뿌리 또는 입의 변형물이 양분을 저장해, 구형 또는 괴형이 되어 있는 숙근초.

그루타기: 화단이나 밭 등에서 같은 장소에 같은 식물을 계속해서 심어 점차로 성장이 나빠지는 것을 말하며, 이를 연작 장애라고 부른다.

근권(根圈): 식물 뿌리 둘레 2~3mm의 영역. 이곳에는 많은 미생물이 살고 있는데, 토양의 다른 부분보다 더 많이 있을 뿐 아니라, 그 종류도 다양하다.

단위 결과: 과실은 보통 수정이 행해진 후 씨방이 발육하나, 수정되지 않고도 곤충, 꽃가루, 약품 등의 자극으로, 씨는 맺지 않으나 열매가 발육하는 경우를 말한다.

단일(短日) 재배: 하루의 일조 시간을 9~10시간으로 단축해서 재배함으로써 개화를 촉진하는 방법.

대화(帶化): 산나리, 맨드라미, 서향과, 콩 등에서 보여지는 기형의 하나로, 줄기나 꽃대가 평평한 띠 모양이며, 때로는 부채꼴이 되기도 한다.

돌연변이 가지: 돌연변이에 의해 나무줄기나 잎의 일부 혹은 꽃, 과실 등이 다른 부분과 다른 이상 형질을 나타내는 것.

무기질 비료: 화학적으로 제조된 비료로, 단비로서 1성분인 것과 2종류 이상의 성분을 혼합한 복합 비료가 있다.

물이끼 재배: 흙 주위에 물이끼를 사용해서 화초나 구근, 관엽 식물 등을 기르는 것. 특히 열대 관엽 식물은 통기나 수분을 다량 필요로 하므로 흙에서 재배하는 것보다 효과가 우수하다.

밑거름: 식물의 씨를 뿌리거나 심는 경우에 맨 처음 흙 속에 두는 비료.

바크: 침엽수 등의 껍질을 쪼개 발효시킨 것. 식목을 화분에 심는 데 사용하거나 양란을 심는 데 사용한다.

복토(覆土): 씨를 뿌린 후 그 위에 흙을 덮는 일. 일반적으로 씨앗 직경의 2~3배의 두께가 적당.

부엽토: 낙엽이 퇴적해서 썩은 것. 유기질이 풍부하며, 다른 흙과 섞어 화분용으로 사용한다.

분갈이: 화분 내의 뿌리 등이 너무 가득 퍼져 차게됨으로써, 좀더 큰 화분에 이식하는 것.

분구(分球): 구근이 자구(子球)를 만들어, 그것이 나뉘어 새로운 개체가 되는 것. 구근류의 일반적인 증식 방법.

분제: 물에 타지 않고 분말 상태 그대로 사용하는 약제.

뿌리 자르기: 활착을 좋게 하기 위해 굵은 뿌리의 일부를 잘라서 가는 뿌리를 많이 내리게 해주는 것. 또한 꽃나무 등을 성숙시켜 개화를 앞당길 목적으로 뿌리를 자르는 경우도 있으며, 가지 등을 전지했을 때, 지상부와 지하부의 균형을 유지하기 위해 행하는 경우도 있다.

사경(砂耕): 모래 재배를 말하는 것으로, 깨끗한 모래에 배양액을 넣어 식물을 배양한다. 흙을 사용하지 않으므로 청결하고 병충해의 걱정이 없다. 또한 양액(養液) 공급의 기계화로 노력이 절감될 수 있다.

3배체(三倍體) 식물: 염색체의 수가 기본 식물 염색체 수의 3배인 식물. 씨 없는 수박은 인공적으로 만들어진 대표적인 예로, 과거의 2배체 품종과 약품 처리로 육성한 4배체 품종을 교배해서 얻는 개체이다. 바나나, 사과, 튤립, 히야신스 등이 있다.

삽목: 꽃나무나 정원수, 과수 등의 가지를 잘라 뿌리를 내리는 방법. 보통 1년생 가지를 이용한 상록수는 7월, 낙엽수는 3월에 행한다.

성장 촉진제: 식물의 성장을 촉진하는 호르몬제의 일종으로, 지베렐린은 그 대표적인 약품. 식물의 잠을 깨우거나, 동백꽃을 빨리 피게 하거나, 씨 없는 포도를 만들기도 한다.

수용제: 유효 성분이 물에 녹도록 한 분말 약제.

수화(水和)제: 살균제의 대표적인 형태로, 잘게 부순 분말성의 유효 성분을 처음에는 소량의 물로 갠 후, 다시 일정량의 물로 희석해서 사용한다.

숙근초: 줄기, 잎 모두 마르지 않거나, 마르더라도 뿌리는 매년 새롭게 싹을 내는 식물. 만년청, 앵초 등.

심경: 흙을 깊이 파서(30~60cm), 상하로 뒤집어 주는 것. 흙 속의 통기를 좋게 하고, 빗물을 완전하게 침투시켜 수분을 유지하도록 해준다.

아네모네식 개화: 중심의 관상화(管狀花)가 부풀어올라 바깥쪽의 꽃잎이 나란히 피기 시작하는 개화법.

액체 비료: 일반적으로 깻묵은 액체 비료로 쓰면 효과적. 10배의 물을 섞어 항아리 등에 부식시킨다. 여름에는 1개월, 겨울에는 약 3개월 정도면 유효하게 되며 사용시에는 10~15배의 물로 희석해서 사용한다.

연작: 매년 같은 식물을 같은 장소에서 재배하는 것.

엽비(葉肥): 줄기나 잎 등에 단백질이나 엽록소를 만들어 성장을 촉진시키는 질소 비료를 말한다.

왜화제(矮化劑): 식물의 키가 크는 것을 억제하는 성장억제제. 비-나인, 호스혼 등을 수용액으

우리말 속담 속의 꽃말

* 가을에 핀 연꽃이다.
* 겨울에 꽃이 피면 풍년이 든다.
* 고운 꽃은 산중에 있다.
* 고운 꽃은 열매가 열지 않는다.
* 고운 꽃은 향기가 없다.
* 곱기가 비 끝에 피는 꽃 같다.
* 곱기만 한 꽃에는 벌 나비가 오지 않는다.
* 꽃 구경도 밥 먹고 나서 한다.
* 꽃다운 이름은 오래도록 말로 전해진다.
* 꽃도 부끄러워 하고 달도 숨는다.
* 꽃도 시들면 오던 나비도 아니 온다.
* 꽃도 십일홍(十日紅)이면 오던 벌 나비도 아니 온다.
* 꽃도 잎이 있어야 곱다.
* 꽃도 지고 봄도 갔다. (花落無春)
* 꽃도 피면 진다
* 꽃도 한때 사람도 한창 때다.
* 꽃도 한철이다.
* 꽃만 피고 열매는 맺지 않는다.
* 꽃방석에 앉힌다.
* 꽃밭에 나귀 맨다.
* 꽃보다는 경단이다.
* 꽃 본 나비가 그저 가랴.
* 꽃 본 나비다.
* 꽃 본 나비 불을 헤아리랴.
* 꽃 본 나비요 물 본 기러기다.
* 꽃샘 잎샘에 반 늙은이 얼어 죽는다.
* 꽃샘 추위는 꾸워다 해도 한다.
* 꽃 싫어하는 사람 없다.
* 꽃 아래보다 코 아래.
* 꽃 없는 나비다.
* 꽃은 꽃이라도 호박꽃이다.
* 꽃은 반만 핀 것이 좋고 복은 반 복이 좋다.
* 꽃은 반만 핀 것이 좋고 술은 조금 취하도록 마신 것이 좋다. (花看半開 酒飮微醺)
* 꽃은 지면 다시 피고 피었다가는 다시 진다.
* 꽃을 탐낸 나비가 거미줄에 죽는다.
* 꽃이 가지에 가득하다.
* 꽃이 고와야 벌 나비도 찾아온다.
* 꽃이 좋아야 나비도 모인다.
* 꽃이 지고 열매가 맺힌다.
* 꽃이 지니 봄이 저물어 간다.
* 꽃이 지면 오던 나비도 되돌아간다.
* 꽃이 펴야 열매도 열린다.
* 꽃이 향기로와야 벌 나비도 쉬어간다.
* 꽃 피자 임 오신다.

로 산포한다.

요수(腰水): 대야 등 어느 정도 깊이 있는 용기 안에 화분을 넣어 밑에서부터 물을 빨아들이게 하는 방법. 화분에 흙이 지나치게 말라 있을 때 행하는 방법이다.

유기질 비료: 깻묵, 어묵, 뼛가루, 퇴비 등 일반적으로 동식물의 원료에서 만들어지는 비료. 지효성의 성질을 갖고 있어 토질 개선에 도움이 된다.

유인(誘引): 줄기나 덩굴을 지주에 이어지도록 해, 그 형태나 우거짐을 좋게 하는 것.

유제(乳劑): 나무에 용해되지 않는 약제의 유효 성분을 화학 작용으로 용해하기 위해 유산제를 첨가한 약제. 살충제에 많다.

유합제(癒合劑): 가지를 절단한 부분에 바르면 유합 조직을 발달시키는 작용을 하는 약제.

윤비(輪肥): 뿌리 주위에 둥글고 얕은 고랑을 만들어 비료를 주는 것을 말한다. 주로 과수나 정원수 등 영년 작물의 밑거름으로서 매년 준다.

윤작: 같은 화단이나 밭에 연작을 피해 여러 종류의 서로 다른 화초나 야채를 매년 교대로 재배하는 것.

1년초: 종자를 뿌리고 나서 1년 이내에 개화, 결실 후 고사(枯死)하는 초본 식물. 봄에 씨를 뿌리는 해바라기, 코스모스, 그리고 가을에 씨를 뿌리는 금잔화, 무우 등.

1대 잡종(F₁): 고정 품종을 서로 교배해서 종자를 재배한 1대째의 품종을 말한다. F₁은 병충에 강하고 형태 등이 우수한 형질을 나타낸다. 토마토, 수박 등의 야채류 외에, 베고니아, 페튜니아 등에서 주로 재배한다.

자가 수분(受粉): 자신의 꽃가루가 수술의 머리에 닿아 수정, 결실하는 것.

자엽(子葉): 쌍자엽 식물의 종자가 싹을 틔워 2장으로 나뉘어진 잎을 말한다. 떡잎이라고도 한다.

적과(摘果): 너무 많은 결실을 방지하여 양과를 얻기 위해 과실을 솎아 내는 일.

전조(電照) 재배: 가을에 꽃이 피는 국화를 일몰 후 2, 3시간 전등을 비추어 일조를 연장시켜 주면, 성장이 지연되어 꽃이 늦게 피도록 만든다.

전착제(展着劑): 살충제나 살균제 등의 부착을 좋게 하는 보조제. 약제의 효과를 지속시켜, 약해(藥害)를 경감시킨다.

접: 과실 나무나 수목 등의 품종 개량 또는 번식을 위한 한 방법. 같은 종류나 비슷한 종류의 접지를 접본의 목질부와 껍질 사이에 밀착시켜서 조직을 연결시킴.

접목법: 식물의 인공 번식법의 하나. 열등 품종의 개량, 우량과수 화목의 번식, 결실, 개화 등의 촉진을 목적으로 침목을 절단하여 이것에 접수를 접합시키는 방법을 말한다. 침목과 접수와는 유사한 것이라야 하며, 접합면은 예리한 칼 따위로 평활하게 깎아 양자의 형성층부를 접합한다.

접목 잡종: 접목에 의하여 대목과 접지의 쌍방의 중간 형질을 나타내는 잡종. 예가 드물다.

접본: 접을 붙일 때 그 바탕이 되는 나무로, 대목(台木)이라고도 한다. 보통 윗동이 잘린 나무로 그곳에 접지를 꽂게 되어 있다.

접촉제: 약제가 곤충의 몸에 붙어, 기문 등으로 흡수되는 살충제.

정식(定植): 온상에서 속성 재배한 모종을 내다 심는 일.

제웅(除雄): 인공 교배를 행할 때, 자가 수분하지 않도록 미리 수술을 제거해 두는 것.

즉효성 비료: 비료를 주고 나서 곧 효과가 나타나는 것. 화성 비료의 대다수는 즉효성 비료이다.

증산 억제제: 정원수 등을 옮겨심을 경우, 시드는 것을 방지하기 위해 산포하는 왁스제. 삽목에 쓰이는 경우도 있다.

지효성 비료: 살포하고 나서 천천히 효과가 나타나는 비료. 유기질 비료는 대부분이 지효성 비료이다.

직근: 무우, 우엉, 삼나무 등과 같이 길게 수직으로 자라는 주근(主根)을 말한다. 이식이 어렵다.

추비(追肥): 식물이 자라기 시작하고 나서 주는 비료.

취목: 나무의 가지를 휘어서 그 한 끝을 땅 속에 묻어 뿌리가 내린 뒤에 그 가지를 잘라 한 개체를 만드는, 식물의 인공 번식법의 한 가지. 뽕나무, 석류나무 등의 번식에서 행한다.

측근(側根): 주근(主根)에서 분지한 뿌리로, 지근이라고도 한다. 이것이 많으면 이식하기 쉽다.

치비(置肥): 화분 등에 고형 비료나 으깬 비료 등을 몇 웅큼 주는 것을 말한다. 흙에 섞거나 화분가에 놓아 두어, 물을 줄 때마다 용해되어 서서히 효과가 나타나도록 하는 것이 좋다.

토양 소독제: 흙 속의 병충해를 퇴치하기 위한 약제. 흙 속에 주입하면 가스 상태가 된다. 인체나 식물에 유해하므로 취급시 주의를 요한다.

파라이트: 진주석을 고온에서 구워내 만든 백색의 알갱이 상태의 용토(用土). 화분 등을 가볍게 하기 위해 배합한다.

핀치: 싹이나 심을 잡는 것. 가지의 수가 적은 수목 등은 싹을 잘라 가지를 많이 나오게 할 수 있다.

한비(寒肥): 겨울 휴면 기간 중에 정원수나 화목, 과수 등에 거름을 주어 봄의 생육에 도움을 주는 유기질 비료를 말한다.

향전성(香篆性): 나무의 줄기가 굽어지는 성질. 매화, 버드나무, 모과 등에서 볼 수 있다.

화목(花木): 아름다운 꽃을 피우는 정원수목이나 화분에 심은 수목류의 총칭.

화비(花肥): 인산질의 비료로, 화아(花芽) 분화를 촉진해 꽃을 크게 하고 색을 좋게 하는 효과가 있다.

화학(化學) 비료와 화성(化成) 비료: 유안(硫安), 유산 칼리 등을 단일 성분의 화학 비료라고 하며, 2종 이상의 화학 비료를 화학적으로 혼합한 것을 화성 비료라 한다.

환상박피: 채목을 하는 경우 뿌리를 내리게 하고 싶은 부분의 껍질을 고리처럼 둥근 모양으로 절단하는 것. 칼집이 단단한 부분에까지 이르도록 깊숙이 넣는 것이 중요하다.

활착(活着): 접목, 이식한 식물이 충분히 뿌리를 내려 생육하는 것.

훈연제: 통조림 제품으로 점화하면 성분이 연기가 되어 분출해 효과를 내는 약제. 온실이나 비닐하우스에서 사용한다.

---

* 꽃 필 무렵에는 비바람이 잦다. (花開多風雨)
* 꿀 있는 꽃이라야 벌도 찾아간다.
* 굶주린 놈에게 화초(花草)다.
* 길가 버들과 담 밑 꽃은 누구나 꺾을 수 있다.
* 길가에서 고생하는 오야꽃이다.
* 달리는 말 위에서 꽃구경하다.
* 담 밑에 핀 꽃이다.
* 떨어진 꽃은 다시 나뭇가지에서 피지 못한다. (落花難上枝)
* 도라지꽃 피면 장마진다.
* 듣기 좋은 꽃노래도 한 두 번이다.
* 말로 꽃을 피운다.
* 매화는 백화(百花)의 형이다.
* 매화는 봄바람을 기다리지 않는다.
* 매화도 한철이고 국화도 한철이다.
* 목단꽃은 고와도 향기가 없다.
* 목단꽃이 곱다 해도 벌 나비가 찾지 않는다.
* 무궁화꽃 편지 백일이면 서리가 온다.
* 배꽃이 두 번 피면 풍년이 든다.
* 백일 붉은 꽃 없고 천일 좋은 사람 없다. (花無百日紅 人無千日好)
* 백일 붉은 꽃 없다.
* 벌 나비가 꽃을 찾아 다닌다.
* 벌 나비가 꽃을 탐낸다.
* 벌 나비가 꽃을 희롱한다.
* 벌 나비가 꽃향기를 탐낸다.
* 봄꽃도 한때다.
* 봄꽃은 햇볕에서 웃는 것 같다.
* 붉은 꽃에 두면 붉어진다.
* 붉은 꽃 한 송이다. (紅一點)
* 비단 위에 꽃무늬를 놓는다. (錦上添花)
* 산소(山所) 등에 꽃이 핀다.
* 연꽃은 더러운 못에서 핀다.
* 연꽃은 흙탕물에서 핀다.
* 일찍 핀 꽃이 일찍 진다.
* 좋은 꽃은 나중에 나온다.
* 죽은 나무에 꽃이 핀다. (枯木生花)
* 죽은 뒤에 꽃상여다.
* 진달래가 두 번 피면 가을날이 따뜻하다.
* 진달래 꽃잎이 여덟이면 풍년 든다.
* 진달래 지면 철쭉꽃 보랬다.
* 찔레꽃 가뭄은 꾸어다 해도 한다.
* 한번 진 꽃은 다시 피지 못한다.
* 한 송이도 꽃은 꽃이다.
* 한 송이 꽃만 피어도 봄이 온 줄을 안다. (一花開 天下春)
* 호박꽃도 꽃이다.
* 호박꽃에도 나비는 온다.
* 호박꽃을 꽃이라니까 오는 나비 괄세한다.
* 홍두깨에 꽃이 피겠다.
* 화초밭의 괴석이다.

약용 식물의 종류와 효능

식 물 명	사 용 부 분 과 효 능
감	糖尿病(生葉의 靑汁), 宿醉(날과실), 齒痛(검게 태운 곶감)
감자	强壯(잎, 종자를 煎服), 위궤양(감자를 갈아서 짜낸 汁)
감제풀	감기치료약, 健胃整腸(뿌리의 煎服), 소화불량, 변비에 좋음
개나리	고혈압의 예방(꽃을 煎服함)
개오동나무	齒痛(과실의 煎液) 胃炎, 利尿에도 좋음
개다래나무	神經痛, 强壯(열매), 위장병(葉莖)에 좋음
고추	冷症(열매), 신경통, 肩痛, 腰痛(찧어낸 汁을 濕布)에도 유효
고추나물	頭痛, 신경통, 火傷, 切傷, 벌레쏘임(生葉) 등에 좋음
공수초	便秘, 健胃, 당뇨병, 눈의 充血에도 좋음
괭이밥	火傷(生葉의 汁), 벌레쏘임, 부은 데에 쓰임
구기자	强壯, 두통, 건위정장, 冷症(열매, 잎), 成人病의 예방
국화	감기(건조시킨 꽃을 煎服함)
금감귤	감기, 기침멈춤(열매를 검게 태운 것)
나팔꽃	火傷(生葉), 凍傷(잎의 煎汁에 患部를 담근다)에도 유효
냉이	설사(全草를 검게 태운 것), 변비(葉莖을 煎服)
달래	火傷, 벌레 쏘인 데(生葉의 汁)
닭의장풀	解熱, 목이 아픈 데(葉莖을 煎服), 부은 데, 利尿에도 좋음
대추	便秘, 胃痛, 頭痛, 목이 아픈 데(열매를 煎服)
딱총나무	감기(꽃), 변비, 손목·발목관절 삔 데, 打撲傷(葉莖)
두릅나무	당뇨병, 신경통(根皮, 樹皮), 고혈압, 이뇨에도 좋음
둥굴레	强壯, 살결美化, 타박상, 관절 삔 데(葉莖)에 씀
등골나물	生理不順(뿌리를 煎服)
띠	感氣, 당뇨병(뿌리를 煎服), 腎臟病, 膀胱炎, 喘息에 좋음
레몬	感氣(汁을 짜서 설탕과 위스키를 떨구어 마심)
마타리꽃	고혈압, 利尿, 解毒, 生理不順에도 좋음
매화	腹痛(梅肉엑기스), 감기, 식욕부진(乾梅實)
메꽃	당뇨병(葉莖, 줄기를 煎服), 利尿, 방광염에도 좋음
명아주	벌레 쏘인 데(生葉), 고혈압(煎服), 口內炎, 목 아픈 데
모자초	기침, 喘息(全草를 煎服)
무궁화	泄瀉(꽃을 건조시켜 煎服)
무화과	고혈압(잎을 煎服), 便秘(열매 煎服), 치질, 사마귀(乳汁)
무우	기침을 멈추게 함(뿌리를 물엿과 함께 씀)
민들레	健胃, 식욕부진(뿌리), 强壯, 간장병, 변비(葉莖)에도 좋음
방아풀	腹痛, 健胃(葉莖을 煎服), 식욕부진에도 유효
벚꽃나무	기침, 咳, 毒氣를 탔을 때(木皮), 습진, 火傷 등
벽오동	고혈압(木皮를 달여서 마심)
별꽃	腹痛(生葉을 짜서 汁을 마심), 蟲齒예방(全草의 粉末)
번행초	胃潰瘍, 胃炎(葉莖을 煎服 또는 靑汁을 마심)
범의귀	감기, 해열, 기침(잎을 煎服), 화상, 부은 데, 口內炎
복숭아	땀띠, 毒氣를 탄 데, 습진(生葉의 약탕)
부추꽃	喘息(生葉을 짠 즙), 止血, 습진에도 효험이 있음
비파나무	습진, 毒氣 탄 데, 땀띠, 火傷(生葉의 藥湯), 기침(잎의 煎服)
뽕나무	咳, 기침, 喘息(뿌리의 煎服)
사철쑥	頭痛(葉莖을 煎服), 黃疸, 肝炎, 두드러기 등에 유효
삼지구엽초	고혈압, 강장(全草), 利尿, 불면증, 貧血에도 좋음
삽주	감기, 健胃(뿌리), 복통, 利尿, 咳, 기침에도 좋음
산나리	强壯(뿌리 煎服), 切傷, 火傷(꽃)
삼백초	解熱, 便秘, 살결美化(葉莖 煎服), 切傷, 火傷, 부은 데(生葉)
생강	감기, 發汗(삽주뿌리와 합쳐서 煎服)
쇠비름	肝臟의 强化, 여드름(葉莖을 煎服), 벌레 쏘인 데에도 유효

식 물 명	사 용 부 분 과 효 능
수국	감기, 解熱(건조한 잎을 煎服)
수세미외	살결美化(수세미水), 목덜미의 아픔(종자를 검게 태운 것)
쑥	복통, 설사, 두통, 신경통, 천식(잎을 煎服), 切傷
쑥부쟁이	벌레 쏘인 데(生葉의 汁), 利尿에도 좋음
식나무	火傷(生葉을 문질러서 汁을 바름)
알로에	건위정장, 위궤양, 火傷, 喘息, 齒痛, 치질 등에 유효
얼룩조릿대	위궤양, 건위정장(生葉의 靑汁 또는 건조한 煎服)
염주	기침 멈춤(뿌리를 煎服), 건위정장, 사마귀, 살결美化
예덕나무	위궤양(木皮 煎服), 부은 데(잎의 煎服)
오수유	咳(열매를 煎服), 변비, 복통, 건위에도 좋음
오이풀	설사(뿌리의 煎服), 땀띠, 습진(根莖으로 藥湯), 蟲齒예방
용담	복통, 설사, 식욕부진(뿌리의 煎服), 건위, 利尿에도 좋음
우슬	벌레 쏘임(生葉의 汁), 신경통, 생리불순(뿌리의 煎服)
원추리	위궤양(뿌리의 분말을 內服), 口內炎
율무	사마귀, 살결美化(종자를 煎服), 여드름에도 유효
유자	쐐기풀 두드러기(汁을 연하게 하여 마신다)
으름덩굴	冷症(덩굴을 煎服), 利尿(열매)에도 유효
은행	사마귀(잎의 乳汁), 치질(乳汁이나 잎의 藥湯)
이질풀	복통, 설사, 强壯, 감기, 두통, 부은 데(葉莖)을 씀
잇꽃	복통, 생리불순(꽃의 煎服), 動脈硬化(잇꽃에서 짜낸 기름)
인동덩굴	감기(葉莖의 煎服), 땀띠, 습진(生葉의 藥湯), 蟲齒예방
자운영	火傷(잎을 검게 태워서 기름으로 이겨 바름)
자주쓴풀	복통, 胃炎, 설사, 健胃, 심장병, 신장병에도 좋음
작약	당뇨병, 冷症(뿌리의 煎服), 근육통, 복통에도 좋음
접시꽃	腹痛(葉莖을 煎服)
쥐엄나무	咳(種子를 煎服), 利尿, 强壯효과도 있음
쥐참외	喘息(뿌리의 煎服), 기침, 解熱에도 좋음
질경이	기침, 解熱(뿌리의 煎服), 목이 아플 때(煎液으로 입가심)
지치나무	火傷(뿌리의 粉末을 참기름으로 혼합하여 바름)
찔레나무	便秘(씨의 煎服), 부은 데, 여드름에도 좋음
차전초	健胃整腸, 감기(葉莖), 기침(種子), 부은 데(生葉) 좋음
차조기	감기, 發汗, 貧血(잎은 날것이나, 절인 것도 무방함)
창포	땀띠, 습진, 皮膚美容(잎과 뿌리의 藥湯), 冷症(煎服)에 좋음
참마	위궤양(뿌리의 粉末), 强壯(뿌리의 煎服)에 좋음
참소루쟁이	고혈압(뿌리의 煎服), 動脈硬化, 변비에도 좋음
참억새	下熱(뿌리의 煎服), 利尿작용도 함
천리향	부은 데(잎을 태워 바르고, 잎과 꽃의 煎液으로 患部를 씻음)
청미래덩굴	여드름(뿌리), 부은 데(열매), 당뇨병, 동맥경화, 저혈압 등
치자	關節(손·발목) 삔 데, 打撲傷, 부은 데, 口內炎(열매를 씀)
칡	쐐기풀의 두드러기(뿌리), 설사(갈근탕), 宿醉, 감기에 좋음
칡오미자	기침멎음, 强壯(열매를 煎服)에 유효함
카밀레	食慾不振, 發汗(꽃을 煎服), 피부美容에도 좋음
탱알	기침멎음(뿌리의 煎服), 咳에도 유효함
탱자나무	피부美容(열매로 化粧水를 만듦), 健胃에도 좋음
털머위	切傷, 火傷, 부은 데(生葉의 汁), 타박상, 痔疾에도 좋음
패랭이	生理不順(種子를 煎服), 利尿효과도 있음
하수오	强壯(뿌리로 건강주를 만듦), 동맥경화의 예방(葉莖)
회향초	咳(열매의 粉末 또는 煎服), 기침멎음, 해열에도 좋음
홰나무	고혈압, 동맥경화(꽃을 달여서 茶 대신에 마심)
황벽나무	땀띠, 습진(木皮), 건위정장, 타박상, 切傷에도 좋음